KB021281

신세대 부모들에게 선물하는
교육자 할아버지의 육아편지

뭐든 대화하라!
신나게 놀게하라!
절대 화내지마라!

뭐든 대화하라!
신나게 놀게하라!
절대 화내지마라!

지 은 이 | 황의영
펴 낸 이 | 김원중

편집주간 | 김무정
기   획 | 허석기
디 자 인 | 옥미향
제   작 | 박준열, 강준
관   리 | 차정심
마 케 팅 | 박혜경, 이기남

초판인쇄 | 2018년 11월 28일
초판발행 | 2018년 12월 05일

출판등록 | 제313-2007-000172(2007.08.29)

펴 낸 곳 | 도서출판 상상나무
              상상바이오(주)
주   소 | 경기도 고양시 덕양구 행주산성로 5-10
전   화 | (031) 973-5191
팩   스 | (031) 973-5020
홈페이지 | http://smbooks.com
E - m a i l | ssyc973@hanmail.net

ISBN 979-11-86172-48-3(03370)
값 12,000원

신세대 부모들에게 선물하는 교육자 할아버지의 육아편지

뭐든 대화하라!
신나게 놀게하라!
절대 화내지마라!

황의영 지음

상상나무

육아에 고생하시는 부모님들 안녕하세요?

80세가 넘은 할아버지가 이렇게 편지를 쓰자니 좀 쑥스럽긴 합니다. 그러나 육아에 관해 관심을 갖는 여러분에게 제가 친근감이 먼저 느껴지는 것은 제가 육아에 큰 관심을 갖고 있고 이렇게 책까지 쓰게 되었기 때문일 것입니다.

저는 어떤 거창한 글을 쓰자고 펜을 든 것이 아닙니다. 그저 함께 차를 마시면서 속내를 나누는 기분으로 육아에 대한 이야기를 부모님들과 대화하듯 편지글에 담아 써 내려 가 보았습니다.

우선 제 소개와 이 책을 쓰게 된 동기를 말씀드리는 게 순서일 것 같습니다. 저는 초등학교와 중학교 그리고 고등학교에서 25 년간 학생들을 가르치면서 그들의 성장을 지켜본 교사였습니다. 교감 교장을 거쳐 장학사로 청소년을 대상으로 하는 심성수련원에서 4년간 청소년들의 고민을 듣고 이 고민을 딛고 일어 설 수 있는 길을 함께 모색해 보는 전문직에도 종사했습니다.

그리고 선생님들의 교수 및 학습 방법과 생활지도를 더 잘 할 수 있도록 연구하고 개발하는 곳에서도 5년간 종사한 경험이 있습니다. 일본 중국 스위스, 스웨덴, 프랑스 독일 영국 등 교육 선진국을 다니면서 그 나라의 인재 육성 방법을 살펴보기도 했습니다.

저는 아들과 딸 둘을 키웠습니다. 제 아이들을 키울 때를 돌이켜보면, 지금의 부모들에 비해서 참으로 후회스러울 정도로 무심했습니다. 육아는 주로 아내가 맡았고, 저는 학생들에게 신경을 쓰는 편이었지요.

제 아이들에 대한 그런 미안함을 품고, 정년퇴임 후에는 갓난아기 때부터 초등학교 5학년까지 손자를 돌보면서 전심을 기울였습니다. 손자는 3살 무렵부터 세상에 대한 흥미와 호기심, 그리고 사물의 존재를 확인하고 싶어 하는 참으로 놀라운 몸짓을 하였는데, 커나가는 그 감동스러운 모습을 출생시부터 초등학교 5학년까지 육아일기에 담아 놓기도 했습니다.

저는 심리학자나 유아교육자 또는 소아정신과 의사가 아니기 때문에 유아

교육에 대한 어떤 이론적 주장을 하지는 않았습니다. 또한 어떤 통계적 수치를 인용하여 근거를 대지도 않았습니다.

그것은 육아 현장의 부모들에게는 그것이 큰 도움이 되지 않는다는 생각에서였습니다. 학교에서 아이들을 다루어본 한 교육자, 두 아이의 아버지, 손자를 돌본 할아버지로서의 경험과 그와 관련된 충분한 독서를 바탕으로 했습니다.

그래서 나름의 육아에 대한 생각이나 견해가 있고, 부모들이 육아 과정에서의 어려움이 있음을 목격하면서 이 책을 쓰겠다는 마음을 먹었습니다.

아시다시피 아이가 태어나 성인이 되기까지의 발달 과정은 모두 유기적인 연관성이 있습니다. 이 책에서는 이런 발달을 고려해서 가끔 성인이 되기까지의 발달을 언급했지만, 주로 만 7세 이전의 육아에서의 교육에 대한 제 나름의 어떤 원리를 말씀드리려고 했습니다.

모든 연령대가 다 의미 있고 중요합니다. 그러나 인지, 정서, 사회성, 신체 등에서 급격한 발달을 이루고, 성인 이후의 삶과 중요한 연관성이 있으면서, 부모의 영향이 가장 큰 시기가 바로 학령기 이전의 시기입니다. 이 때문에 여기에 초점을 맞추었다는 말씀도 미리 드립니다. 그러나 이 책은 아이의 전 생애를 염두에 두고 읽으시면 좋을 듯합니다.

아울러 이 책이 육아에서 오는 스트레스도 조금이나마 덜 수 있길 희망해 봅니다. 그래서 아이를 기르는 부모들에게 육아의 원칙을 갖추는 데 도움과 유익이 된다면 저자로서 더 바랄 것이 없습니다.

끝으로 저의 글이 책으로 완성되기까지 정성을 다해 주신 상상나무 김원중 사장님과 편집진 여러분께 깊이 감사를 드립니다. 또한 날마다 따끈한 차를 끓여 주며 격려해준 아내(임명희)와 내게 부족한 심리학 지식을 넣어주느라고 수고한 막내 동생(의선)에게도 고마움을 전합니다. 그리고 늘 곁에서 든든하게 저를 지켜준 아들과 딸(임경·정연) 내외, 또 이 책의 주인공인 사랑하는 손자 와 손녀에게도 지면을 통해 고맙다는 말을 전합니다.

2018년 11월 20일 황의영

목차

첫 번째 편지

육아! 그 숭고한 초심(初心)을 지켜라

아이를 아이답게 기르기 위해서는 아이가 '내 자식'이기
이전에 '한 인간, 한 아이'라는 인격적이고 독립적인 존재
로 인식해야 합니다.

오늘 첫 편지에서는 엄마 아빠가 아기를 얻고, 감동스럽게 느꼈던
초심에 대해 말씀을 드리려고 합니다. 처음 세상과 마주하는 핏덩이
같은 갓난아기를 품에 안고 부모는 무슨 소망을 가졌을까요?

'유치원부터 공부 잘하고, 커서는 돈도 많이 벌어 큰 아파트, 큰
차도 사고, 사회적으로 이름도 날리는 사람이 되어야 한다.' 였을까
요?

동서고금의 모든 부모들이 가졌던 소망은 아마도 '건강하게 자
라서 행복하게 살았으면 좋겠다' 라는 소박하고 순수한 마음이었

을 것입니다.

부모는 세상에서 자식을 가장 소중히 생각하는 사람이기 때문에 아이에 대한 소망에는 오직 아이의 생명을 지키는 일 외에는 다른 잡생각이 섞일 리가 없기 때문입니다.

병원에 가면 어린이 환자가 병상에서 누워있는 안타까운 모습을 보게 됩니다. 그 어린 환자 곁에는 어두운 얼굴을 하고, 아이에게서 눈을 떼지 못하는 부모도 있지요. 그 부모에게는 아이가 낫기를 바라는 소망 외에 또 무엇이 있을까요?

앞으로 공부를 잘했으면 좋겠다든가, 좋은 대학을 나와서 좋은 직장을 가졌으면 좋겠다는 마음으로 아이 곁을 지키고 있지는 않을 것입니다.

환자 중에는 두 다리를 잃고 누워만 있는 아이도 있습니다. 그 부모에게 바람이 있다면 아마 두 다리로 평범하게 걷는 아이의 모습이겠지요. 그게 그 부모가 원하는 행복의 전부일 것입니다. 그것은 모든 부모의 진실이기도 합니다.

행복의 척도는 사람마다 다르지만, 모든 부모가 원하는 행복은 자식에 대한 소망 때문에 거의 비슷할 것입니다.

갓 태어난 어린 것을 가슴에 안고 바랐던 부모의 원초적인 소망이 아이에게 바라는 모두라면, 역시 아이 자신도 부모를 따라 그게 모두일 것입니다. 따라서 부모는 아이를 가슴에 품고 가듯, 그 초심을 끝까지 안고 아이와 함께 가는 것이 육아의 길입니다.

어쨌건 이제 남는 일은 부모가 육아에 대해서 어떤 목표를 갖고 어떻게 실천할까 하는 일입니다. 다시 말씀 드리면 어떻게 하면 현재의 주어진 환경이나 여건에서 육아에 성공하느냐 하는 문제와 그 해결에 집중할 일만 남았지요. 여기서 육아의 성공이란 아이가 가고자 하는 길을 성공적으로 갈 수 있도록 돕는 일입니다.

아이를 잘 기른다는 것은 과연 무엇인가?

많은 부모는 왜 아이가 커가면서 점점 기대를 키우고, 그 기대 때문에 아이가 힘들어 해도 굽힐 줄을 모를까요? 눈으로 보기에 아이가 멀쩡하기 때문일까요? 아이가 정신만 차려 준다면 부모가 원하는 것을 해 낼 수 있다는 믿음 때문일까요? 사실, 자식에 대한 기대나 욕심은 부모의 본능이기 때문에 그것은 어쩔 수 없는 일입니다. 그 기대나 욕심은 다른 사심이 있어서가 아니라 아이 미래에 대한 걱정과 소망 때문이지요. 그 걱정과 소망 때문에 모든 부모는 그냥 기르는 게 아니라 잘 기르고 싶습니다. 그런데 그 '잘 기른다'는 의미는 무엇일까요?

어느 부모든 아이를 '잘 길러서' 일생을 행복하게 살게만 한다면 그 이상 더 바랄 소원은 없을 것입니다. 그런데 그 소원을 이루어 낼 수 있는 가장 강한 유력자가 부모라는 사실을 대부분의 부모는 잊고 있지요. 부자가 아니고, 뛰어난 지식이 없어도 부모라면 다 그럴 능력이 주어졌는데도 왜 그것을 자각하지 못할까요? 혹시 부모는 아이의 미래의 삶과 부모 자신과 너무 멀리 떨어진 사이로 보는 것은 아닐까요? 확실한 것은 아이와 부모는 먼 사이가 아니고 세상에서 가장 가까운 사이, 즉 가장 사랑하는 사이라는 것입니다.

그렇다면 부모가 아이를 '잘 기른다는 말은 어떻게 기른다는 뜻일까요? 한 마디로 초심에서 바라던 바, 아이가 무럭무럭 자라서 행복한 삶을 영위하도록 기르는 게 아닐까요? 그래서 부모는 아이를 아이답게 기른다는 목표를 세우는 것이 중요하지요. 아이답게 기르는 것은 아이라고 하는 특성에 맞추어 기르는 것, 곧 즐겁고 행복하도록 기르는 것입니다. 아이의 본질이 미래가 아니라 현재의 즐거움과 행복이기 때문입니다.

아이 본연의 특성에 맞게 기르려면 순수하고 건강한 자아개념을 형성하면서, 자잘한 세상만사에 대한 호기심과 궁금증을 아이다운 깨달음으로 한 걸음 한 걸음 풀어나가게 해야 하지요. 그러자면 부모는 아이에게 기대를 걸게 아니라 아이가 자신에게 기대를 걸도록 격려하면서 자라게 해야 합니다. 그렇게 하는 부모의 육아가 좋은 육아이면서 아이답게 기르는 육아입니다. 원래 아이 때의 삶은 아이에게 돌아가야 하니까요.

만일 아이가 그렇게 자라지 못하면 아이는 겉으로 멀쩡할 뿐, 어느 곳에서인가 눈에 보이지 않는 어두움을 얻게 되고, 그 어두움은 아이의 지덕체(智德體)라는 전인적(全人的)인 성장을 방해합니다. 그래서 부모는 아이로부터 생겨나는 개인적(?)욕심을 걷어내고 순수하고 단순한 초심대로 기르는 것이 중요합니다.

또 한 가지, 아이를 아이답게 기르기 위해서는 아이가 '내 자식'이기 이전에 '한 인간, 한 아이'라는 인격적이고 독립적인 존재로 인식해야 합니다. 그렇게 함으로써 부모는 내 아이의 참모습을 볼 수 있고, 부모로서의 인간관에 대한 성숙함도 갖게 됩니다. 그런 점에서 아이는 부모의 성장을 돕는 조력자라 할 수 있지요. 그러니까 부모와 아이는 서로의 성장을 돕는 같은 조력자입니다.

아이는 온갖 것을 부모에 매달려 살기 때문에 때로는 귀찮을 때도 있고, 마구 대할 때도 있고, 속을 썩을 때도 있습니다. 그 바람에 아이를 대하는 자세가 흐트러질 수 있지요. 부모도 인간이니 때로는 그렇습니다.

그렇다고 아이에 대한 사랑이나 믿음이 변하는 것은 아닙니다. 천륜이기 때문에 마음대로 할 수 없는 사랑입니다. 따라서 어떤 상황이건 그 상황 속에서 아이를 최선으로 대하려는 부모의 진심이 아이를 잘 기르고 싶다는 본래의 소망에 다다를 수 있지요.

오늘 첫 편지에서는 갓 태어났을 때 가졌던 그 초심으로 길러야 잘 기르는 것이란 말씀을 드렸습니다. 너무 무거운 말씀을 드렸나요? 다음 편지에서는 육아에서 성공을 하고 싶은 부모라면 반드시 갖추어야 할 일에 대해서 말씀 드리도록 하겠습니다. 오늘도 힘든 육아에 지쳤을 여러분의 노고를 위로 드립니다.

두 번째 편지

세 개의 눈! 부모에게 꼭 필요하다

이 세 가지 눈의 조합이 잘만 들어맞으면 갈 길을 찾으며 방황하는 여행객이 아니라, 갈 길을 알고 부지런히 길을 따라가는 여행객이 됩니다.

아이를 기르는 부모에게는 기본적으로 세 개의 눈이 필요합니다. 그 세 개의 눈이란 아이를 보는 눈, 세상을 보는 눈, 그리고 부모 자신을 보는 눈입니다. 부모는 왜 이 세 개의 눈이 필요할까요?

우선, 아이를 보는 눈이 필요한 이유는 부모가 아이의 본성을 파악해서 그 본성대로 기르기 위함입니다. 부모가 세상을 보는 눈은 아이의 파트너가 될 미래의 세상에 대한 관심이 있어야 아이를 세상의 일원으로 기를 수 있기 때문입니다.

그리고 부모가 자신을 보는 눈은 부모로서 육아를 제대로 잘 하고 있는지를 알기 위함이지요.

부모는 이 세 개의 눈을 지님으로써 육아에 대한 기본자세를 갖추게 됩니다. 그리고 이를 바탕으로 육아의 목표나 방침을 생각하게 되지요. 이렇게 하는 부모는 아이 기르는 것이 힘들다기보다 어떻게 하면 내가 아이를 대견하게 성장시킬까 하는 의욕을 갖습니다.

이 세 가지 눈의 조합이 잘만 들어맞으면 갈 길을 찾으며 방황하는 여행객이 아니라, 갈 길을 알고 부지런히 길을 따라가는 여행객이 됩니다.

그렇다고 이런 기본자세를 갖추기 위한 대단한 지식이나 철학이 요구되는 것도 아닙니다. 아이의 미래에 대한 부모로서의 관심만으로 족하다 할까요. 사실 남들이 관심 없는 이런 데에 관심을 두는 부모라면 이미 육아의 반은 성공한 것입니다.

두 번째 편지는 아주 짧았습니다. 그 이유는 이 세 개의 눈이 부모에게 꼭 필요하다는 것을 다음 편지에서 각인시켜 드리고 싶기 때문입니다. 늘 마음속에 이 생각을 갖고 계시다면 육아는 이미 상당 부분 성공할 수 있다고 저는 생각합니다. 다음 편지에서는 그 세 개의 눈에 대한 말씀을 자세히 드리겠습니다.

세 번째 편지
아이를 보는 부모의 눈

부모는 아이를 자유롭고 활발하게 기르기에 초점을 맞
추면 좋을 듯합니다. 동서고금을 막론하고 자녀를 훌륭
하게 키운 부모들은 아이의 잠재력을 일깨워주기 위한
육아를 했습니다.

오늘은 무엇을 어떻게 보는 눈이 아이를 알아보는 눈인지를 말씀드
리기로 하겠습니다. 한 마디로 아이를 보는 눈이란 아이의 성향과 특징
을 알아보는 눈입니다.

그 성향이나 특징은 아이의 개성이면서 아이만의 자질, 소질 등으로
말할 수 있는 아이의 본성이기도 합니다. 그러니까 성향이란 어떤 일을
성취할 만한 잠재적 가능성이나 행동하는 경향, 또는 아이가 일관되게
나타내는 어떤 방향이나 특색입니다. 성향은 자신이 좋아하고 싫어하
는 것과 연관되어 있어서 부모가 관심을 갖고 관찰을 하면 알아보거나

예측할 수 있지요.

다만 그것은 가시적으로 드러나기보다 안으로 감추어져 있고, 일상의 다른 행동들과 섞여서 나타나기 때문에 한 번에 알아보기는 어렵습니다. 아이가 어릴수록 그렇습니다. 다만 아이가 행동과 언어로 자기를 강하게 표현하는 어떤 시기가 오면 부모도 그제야 '아, 우리 아이는...' 하면서 느끼고 눈치를 채게 되지요.

유아시기에 나타나는 성향은 대게 놀이행동을 통해서 암시 되지만, 그렇다고 잠들기 전까지는 끊임없이 움직이며 놀고, 말하고, 묻고, 그야말로 역동적인 모습을 보여주는 아이에게서 어느 행동이 특징적 행동이고 어느 행동이 아닌지를 구분하기는 어렵지요.

다만 아이가 다른 것보다 좀 더 좋아하거나, 더 찾거나, 더 흥미를 느끼는 모습을 보여주면 부모는 그런 것에 주목하게 될 뿐입니다. '아, 그것을 더 좋아하는구나, 이런 게 뭐가 좋은지 이런 것만 달라고 하네, 그게 그리 좋아?,' '아이고, 노래만 나오면 좋아하니 이 다음에 가수가 되려나 봐.' 등으로 부모가 반응을 하게 됩니다.

그렇다고 그것이 모두 지금 예상처럼 되는 것은 아니랍니다. 성향인가 했더니 한 때의 관심 정도로 끝날 경우가 많으니까요. 그러나 어느 구석엔가는 아이의 진면목이 잠재해 있음은 틀림없습니다.

다시 말씀드립니다만, 부모의 성향에 대한 관심은 아이가 좀 더 무엇에 집중하거나 몰입하고, 더 좋아하거나 반복하는 일이 있다면 그것에 주목해 볼 뿐입니다. 따라서 아이가 주목할 만한 행동을 한다면 그것은 아이 내면에 잠재해 있는 어떤 성향과 연관될 가능성이 있음을 추측을 할 수 있지요.

부모가 아이를 보는 가장 중요한 눈은 이렇게 아이의 성향을 감지하는 눈입니다. 성향을 빨리 알아내고 싶은 이유는 아이의 미래를 이루는 데 유리하기 때문이지요. 요즘은 아이가 지닌 소질들끼리의 경쟁이 심해서 소질을 빨리 알아내면 훨씬 유리하니까요.

다음은 손자가 3살 되던 어느 날 제가 쓴 육아일기입니다. 지나고 보니 아이의 성향이 나타난 경우였는데, 아이가 초등학교 입학 후에야 비로소 그것이 아이의 성향의 일단임을 알게 되었지요. 아이는 그날 자신의 내면을 열어 보인 것입니다.

🎸 6월 7일, 44개월

민성이는 참 대단한 놈이다

오늘은 할아버지가 너를 애먹인 날이란다. 요즘 네가 먹는 어린이 영양제가 있는데 과자처럼 맛이 있거든. 하루 두 개씩 먹는 것이 정량이지만 오늘은 네 개나 먹었지 뭐냐. 먹지 말라고 해도 어느 틈에 갖다 입에 넣었지. 그러고도 더 먹고 싶어서 그걸 놓아둔 주방 곁을 맴도는 거야. 할아버지가 갑자기 좋은 생각이 나서 그 영양제 열 개를 꺼냈단다. 그 좋은 생각이란 네가 요즘 하나, 둘, 셋 등 수 개념을 익히고 있는데 오늘 그 과자를 이용해 공부를 시키고 싶은 욕심이 생긴 거란다.

"민성아. 이거 열 갠데 우리 다섯 개씩 나누어 가질까?"

"네에. 내가 셀 거야. 내가 셀 거야."

너는 몇 번이고 자기 몫 다섯을 세었단다.

"어? 너한테 하나가 덜 간 거 같은데? 그거 네 개 아냐? 다시 세어 봐."

그럴까 해서 하나, 둘, 셋, 넷까지 또박또박 세다가 헷갈리면 다시 세곤 하더구나. 진력도 나지 않는지 할아버지가 '아닌 거 같은데?' 하면 다시 여러 번을 반복하면서 다섯이란 수를 헤아렸지. 넷까지 세고 다시 세고, 다섯까지 세고 나서도 잘 못해서 하나라도 덜 갖게 될까 해서 다시 세어보고 또 세더구나. 아마 수십 번은 세었을 거다. 나중에는 할머니가 왜 그렇게 아이를 애 먹이느냐고 언짢아 할 정도였으니까. 여하튼 너는 오늘 5까지의 수 개념은 확실해 졌을 것이다. 민성이 너는 대단한 녀석이다! 어떻게 그렇게 끈질길 수 있니. 오늘 네 행동으로 보아 너는 놓고 싶지 않은 일이라면 무엇이든 끈질기게 잡고 늘어질 사람 같구나. 할아버지 말이 맞을 터이니 두고 보아라.

아이는 자라면서 관심이 있거나 하고 싶어 하는 일에는 끈질긴 집념을 보여주었습니다. 만 5살 때에는 화산 그림을 꼬박 석 달 간이나 매일매일 그리다시피 했는데, 다리를 다쳐 병원에 입원해서도 크레파스를 놓지 않았습니다.

만 6살 때에는, 새벽 네 시쯤 모두 잠들어 있는 시간에 혼자 일어나

아침이 될 때까지 자기가 좋아하는 블록을 조립하기도 했습니다. 어느 아이나 성향과 관련되는 행동은 이처럼 일상에서 반복적으로 나타납니다. 여기서 다음의 일기와 공통점은 자신이 좋아하고 흥미 있는 일은 끈질긴 집념이 있다는 것이었습니다.

이런 인성이 끝내 갈지는 모르지만 어쨌든 의미 있는 태도로 받아들여야 했지요. 5살 때 손자의 화산 그림이 끝날 무렵에 쓴 육아 일기도 참고로 소개해 드립니다.

🍼 4월 28일 (57개월)

멀어지는 화산

근 석 달 동안 시도 때도 없이 화산을 그렸었는데 요즘은 거의 그리지 않는구나. 지난번 집안 거실과 큰 방에서 화산 전시회를 한 것을 끝으로 마감을 한 건지? 앉아서 그리고 엎드려서 그리고 심지어는 병원에 입원해서도 그렸잖니. 그 고사리 같은 손으로 힘 든 것도 모르고 그렸었는데…골라 놓은 것만 해도 100장이 넘고, 버린 것도 또 그만큼 되지.

네 마음을 온통 빼앗았던 화산과 지진! 이제는 그것을 떠나보낼 때가 되었나 보구나. 4살, 한 때의 정열을 불태우던 대견한 모습이었는데 오늘 화산 그림을 정리하다 보니 너에게 추억을 만들어 주고 떠나는 그 그림들이 할아버지는 서운하고 아쉬운 마음이 들더구나.

그러나 너는 날마다 새로운 꿈을 쫓아서 날아가는 한 마리 새인 것을 어떻게 화산만으로 너를 잡아 둘 수 있겠니. 이제 다시 어린 네게 미소를 던지며 꿈을 만들어 줄 또 다른 것을 찾겠구나. 그러다가 끝내는 장미와 함께하는 '어린 왕자'처럼 너도 영원히 좋아할 그 무엇을 만나겠지?

고사리 손으로 근 석 달간 시도 때고 없이 같은 주제의 그림을 그려 낸 것은 대단한 아이의 지구력이기도 했지만 관심이 그만큼 크다는 것을 보이는 증거였습니다. 즉 화산이라는 자연현상에 대한 강한 호기심입니다. 아이는 후일 결국 과학 분야의 대학에 진학했지요. 그리고 흥미로운 일에 집착하고 몰두하는 성격은 지금도 변함이 없습니다. 자신이 좋아하는 일은 학교 숙제는 못해도 양보하지 않았습니다. 이것을 미리 안다는 것은 아이교육에 아주 중요한 관건이 됩니다.

성향이 아이의 삶을 결정한다

아이의 성향이 얼마나 중요한지를 좀 더 말씀드리고 싶습니다. 만일 부모가 아이의 성향을 무시하고 무엇을 하도록 강권한다면 아이는 하기 싫어서 억지로 하게 되고, 재미도 없습니다. 그러나 성향에 맞는 것을 하도록 하면 스스로 하면서 재미도 있고 흥미도 살아납니다.

따라서 성향에 따른 일은 성공 확률이나 성취수준이 높고, 수행하는 과정에서는 행복감을 느끼는데, 설사 결과가 좋지 않다 하더라도 좌절

하지 않고 다시 도전할 용기를 갖습니다.

성향은 마치 솟아나는 샘물처럼 끊임없이 새로운 에너지를 아이에게 제공합니다. 성향은 그렇게 강한 힘을 갖고 있는데 아이에게는 이 얼마나 귀한 선물인가요? 그래서 아이에게는 성향이 존중되어야 합니다.

성향은 아이의 미래의 삶을 볼 수 있게도 합니다. 세상이란 각자가 만들고 싶은 물건을 만들어서 내다 놓고 파는 장마당과 같다고 할까요.

성향대로 자란 아이가 만든 물건은 남의 흉내나 낸 것이 아니라 자신이 좋아서 이리저리 궁리를 하면서 개성을 살려 만든 물건이기기 때문에 사람들의 이목을 끌게 되겠지요. 그래서 보람과 즐거움 그리고 행복까지 거머쥐게 됩니다. 그것이 아이의 진정한 성공이고 삶입니다.

그러나 타고난 성향도 갈고 닦으면 그럴수록 더 발전하고 빛을 내지만, 그냥 지나치면 옥에 흙에 묻어 돌처럼 보이는 것과 마찬가지가 되고 맙니다.

부모가 성향에 관심을 두는 이유는 아이가 제 갈 길을 찾지 못할 때 방치하는 실수를 저지르지 않을까 두렵기 때문입니다. 물론 부모가 아이의 성향을 알지 못하는 경우에도 아이가 크면서 자신의 성향에 끌리어 아이 스스로 자기 길을 가려하기도 하고, 어떤 경우는 부모가 이끄는 길로 가다가 뒤늦게 자기 길로 갈아타는 아이도 있습니다.

마치 야구 선수를 하다 소질이 없는 것 같아 축구로 갈아타는 격이랄까요. 불행 중 다행이기는 하나 이 경우에는 한 발 늦지요. 오늘날처럼 속도가 빠른 경쟁시대에서 한발 늦으면 아이는 후발 주자로서 그만큼 더 힘듭니다.

어쨌거나 성향은 아이가 언제 어떻게 보여줄지 막연하기 때문에 부모는 자칫 무관심해 지기 쉽습니다. 따라서 부모는 성향과 관련이 있든 없든, 수많은 것을 좋아하고 수많은 것에 관심과 흥미를 갖는 아이가 자신의 생각이나 감정을 솔직히 표현하고, 행동이 발랄하도록 해 주면 그 중에 섞여 있는 성향도 더불어 잘 발달할 수 있습니다.

덧붙여 말씀드리면, 부모는 아이가 성향을 나타내도록 일상의 작은 일에서 스스로 선택하도록 해봅니다. 선택이란 언제나 끌리는 쪽으로 가기 마련이니까 아이의 선택 경향은 성향을 짐작하는 좋은 참고가 됩니다.

일상에서 그런 훈련을 거듭하게 되면 적어도 초등학교를 졸업하기 전까지 대부분 정체성을 찾을 수 있지요. 정체성을 알게 되면 아이는 진로나 꿈이 뚜렷해지면서 자신이 할 일을 찾아서 하기 시작합니다.

그러나 안타깝게도 지금 많은 아이들이 심지어는 청소년이 되어서까지도 자신이 무엇을 좋아하고 어떤 방향의 진로를 선택해야 할지 모르는데, 이는 일찍부터 아이의 성향에 부모가 지극히 무관심했음을 말해 줍니다.

부모가 아이가 하는 놀이나 일상의 언행을 주목해 보았다면 초등학교 5, 6 학년이 되기까지 아이의 특성을 눈치 채지 못할 리가 없지요.

만일 그런 일에 고민이 되는 부모라면 육아일기가 좋은 도움이 됩니다. 육아일기는 아이의 하루 생활의 객관적 기록일 뿐 아니라 부모의 느낌도 담기니까 나중에 몰아서 줄거리를 찾아보면 골라잡을 만한 아이의 특징이 나타납니다.

그런데 성향이라 해서 내버려 두어도 새싹이 자라듯 쑥쑥 크지는 않습니다. 화초를 가꿀 때 정성을 다해서 기르면 더 힘차게 자라지만 무시당하면 쇠약한 상태로 머물게 되듯, 성향이 무시되거나 자유로운 놀이가 제한 된 아이는 나이만 먹어 갈 뿐 잠재된 성향은 힘을 쓰지 못하게 됩니다.

아이가 어떤 행동을 할 때, 그것이 부모의 마음에 들지 않는다고 해서 저지하거나 비난한다면 어떻게 될까요? 그 속에 있는 성향도 함께 기가 꺾여서 마치 길을 달리던 자동차에 기름이 떨어지는 격이라 할까, 주춤하게 되지요.

물론 부모도 사람이기 때문에 때로는 어떤 일로 그럴 수 있겠지만, 아이의 삶을 생각한다면 아이가 눈치 보거나 머뭇거리지 않고 편한 마음으로 마음껏 놀이를 즐기는 허용적 분위기를 만들어 주어야 합니다.

더구나 아이의 현재는 단지 필름과 같이 지나가면 그만인 것으로 알기 쉽지만, 어떤 부정적 경험을 하면 아이가 자란 이후 성인이 되어서까지 상처로 남을 수 있기 때문에 부모는 아이에 대한 언행에는 늘 사려 깊음이 있어야 합니다.

그것이 부모가 하는 일상의 교육이기도 합니다. 따라서 부모는 육아에 익숙해지도록 스스로 훈련을 해야 합니다. 그런 노력이 있기 때문에 부모는 아이에게 특별한 존재이지요. 부모의 행복이란 그런 노력 가운데서 찾아오는 선물 같기도 하고요.

말씀이 반복되는 것 같습니다만, 지금 아이의 놀이가 성향인지 아닌지는 조급하게 따질 필요는 없습니다. 성향이 내포된 놀이라 하더라도 사람의 모든 행동과 생각은 다른 것과 관련을 맺기 때문에, 어떤 놀이와 행동이든 성향을 돕는 잠재적 연관성이 있으니까 부모는 아이를 자유롭고 활발하게 기르기에 초점을 맞추면 좋습니다. 동서고금을 막론하고 자녀를 훌륭하게 키운 부모들은 아이의 잠재력을 일깨워주기 위한 육아를 했습니다.

유년기 아이에게는 부모가 그렇게 밀어주는 것보다 더 큰 힘은 없지요. 그렇다고 그런 아이가 모두 인류사에 빛을 내는 큰 인물로 되었다는 말씀은 아닙니다. 그런 큰 인물이 되지 않더라도 부모가 만들어 준 바탕이 적어도 아이 삶을 행복하게 만들었다는 말씀이지요.

손자의 경우 만 3살을 넘기면서 동그라미에 관심을 가졌습니다. 집에 들어오면 거의 날마다 동그라미나 세모 네모 이야기를 해 달라고 졸랐지요. 처음에는 자동차 바퀴가 굴러가는 것에 흥미를 갖고 유치원에서 돌아올 때는 집에 들어갈 생각은 하지 않은 채 도로 가에 앉아 지나가는 자동차 바퀴를 하염없이 바라보곤 했습니다.

아이의 흥미는 다시 네모와 세모로 이어지더니, 모서리가 없는 물체라야 구른다는 것을 직관으로 알아내더군요. 동그라미에 대한 관심은 후에 도형으로 발전하였고, 도형은 다시 수학으로, 수학은 다시 컴퓨터로 진화해서 고등학교는 수학 특성을 살리는 학교로, 대학은 수학과 컴퓨터를 기본으로 하는 공학 계통을 선택하게 되었습니다. 초등학교 4학년 때는 대단한 일은 아니었지만 피타고라스의 정리를 기존의 방법으로 풀지 않고 나름으로 풀어서 네이버에 올리기도 해서 대강은 수리계통이 적성임을 짐작은 했습니다.

다음은 38개월 되던 어느 날 쓴 육아일기입니다. 동그라미를 중심으로 하는 이야기지만 아이의 내면에 담긴 심성의 일단도 드러났기 때문에 겸해서 소개드리고 싶습니다. 부모는 눈곱만한 정보도 아이를 위해서라면 눈이 밝아지는 제 경험을 알기 때문에 올려드립니다.

🍡 4월 7일(42개월)

동그라미 이야기

'옛날에 동그라미가 살았는데 하루는 동그라미가 동글동글 구르면서 엄마 심부름을 가고 있었대. 그런데 꼬불꼬불한 길을 지나갈 때 갑자기 모서리 세 개가 뾰족한 세모가 나타나서 길을 딱 막아섰다지 뭐야.

"세모야 길을 비켜 줘. 나 빨리 가야 해."

동그라미는 울상을 하고 말했대.

"안 돼! 안 비켜줄 거야. 가려면 내 머리 위로 굴러 가!"

세모가 심술궂게 말했어.

"세모야. 나는 네 머리 위로 굴러 가지 못 해. 왜 너는 나를 못 가게 하니?"

"나는 모서리 때문에 너처럼 잘 구르지 못하니까 약이 올라서 그래. 너는 데굴데굴 잘 굴러다니고, 나는 엉금엉금 기어가잖아."

"그래서 할 수 없이 동그라미는 엉엉 울면서 집으로 되돌아갔대. 엄마 심부름도 못하고."

여러 번 듣는 비슷한 이야기인데도 너는 언제나 흥미진진한 표정이지. 세모나 네모는 구르지 못하고 동그라미만 굴러가는 것에 큰 의문을 품고 있었는데 어쩌다 모서리가 없어야 잘 구른다는 비밀을 알고부터는 동그라미나 세모, 네모 이야기에 마음을 빼앗겼단다.

오늘은 할아버지 이야기가 끝난 다음 이제는 네가 세모 이야기를 해 보라고 했더니 너는 '그래. 내가 해 줄게' 하고 흔쾌히 대답하더구나.

'옛날에 세모가 살았는데 바닥을 안 구르는 거야. 그래서 동그라미가 왔어. 동그라미가 세모의 모서리를 요케요케(가위로 모서리를 자르는 모습) 없애주었어. 그랬더니 세모가 구르는 거야. 그래서 세모가 동그라미에게 '고마워'그랬대.'

할아버지는 네 이야기를 듣고 깜짝 놀랐단다. 아니 어떻게 할아버지 이야기를 그렇게 변형해 낼 수 있을까? 할아버지는 동그라미와 세모 사이를 안 좋은 관계로 말했는데 너는 둘 사이를 친구처럼 만들었고, 할아버지는 동그라미가 울면서 포기하고 돌아갔다고 했지만 너는 동그라미가 세모의 문제점까지 해결해주고, 세모로부터 '고마워' 하는 인사까지 받는 행복한 결말로 끝냈구나. 누가 일러준 것도 아닌데 어떻게 이야기를 이렇게 따뜻하게 바꾸어 놓을 수 있을까? 민성아. 청출어람이라더니 할아버지는 오늘 너무 기분이 좋구나.

일기에 나타난 것처럼 아이는 지금까지 심성도 바르고, 자신의 일은 스스로 결정하고 실천하는 자율성도 갖추고 있습니다. 중학교 때에는 자신의 관심사를 중심으로 움직였다면 고등학교부터는 완전 성인 취급을 할 수밖에 없었고요.

그렇게 되기까지는 잡아끌기보다 뒤에 서서 아이에 대한 관심과 지원, 그리고 격려를 아끼지 않았습니다. 필요할 때만 눈치껏 앞서서 터놓아주는 일만 했지요. 그럴 때에도 되도록 최소로 도우면서 완성의 공은 아이에게 돌리곤 하였습니다. 자칫 아이가 남의 도움이 없으면 혼자서는 못한다는 낭패감을 가질까 해서였습니다.

아이는 그 힘든 고3 시기도 공부 외에 저 하고 싶은 일은 다 하는 것 같았습니다. 손자는 삶의 목표를 행복에 둔다면서 아무리 힘들고 시간이 없어도 현재의 행복을 잃어버리면 다시 찾을 수 없으니까 당장 공부도 중요하지만 행복한 일을 하는 것도 그 못지않게 중요하다고 역설을 해서 제 부모를 제압(?)했답니다.

아이 부모는 걱정이 되기도 했지만 그 와중에도 틈틈이 자신의 다양한 취미를 이어나가는 것을 말리지는 않았습니다. 그런데 그 어렵다는 대학을 한 번에 덜컥 붙는 바람에 가족들은 어안이 벙벙하였지요.

아마도 초등학교부터 고등학교에 이르기까지 선행학습보다 기본학습을 중요시하면서 아이가 학습에 대한 흥미를 잃지 않았다는 점과 대학 지원과정에서는 누구 눈치 보지 않고 자신의 모습을 솔직하게 드러낸 것이 합격으로 이어지지 않았을까 할 뿐입니다.

아이가 앞으로 어떻게 변할지는 모르지만 내일은 오늘이 만든다는 사실을 믿으면, 불확실한 미래이지만 자신을 무기로 해서 스스로 개척해 나가지 않을까 믿고 있답니다.

지금까지 저는 부모가 아이를 보는 눈이 있어야 하는데 그것은 아이의 미래를 결정하는 성향에 관심을 두는 눈이라야 한다는 말씀을 좀 길게 했습니다. 아이에 대한 관심을 소중히 하시면서부터 좋은 결실을 맺기를 바랍니다.

네 번째 편지
세상을 보는 부모의 눈

지식을 머리에 넣으려고 머리를 싸매고 공부를 하지 않
아도 마치 자기가 공부해서 저장해 놓은 것처럼 찾아 쓸
수가 있는 가공할 컴퓨터나 스마트 폰 또는 인공지능이
있습니다.

지금까지 부모는 아이를 보는 눈 즉 아이의 본래의 성향을 보는 눈
이 있어야 한다는 말씀을 드렸습니다만, 이 편지에서는 부모는 아이가
살아갈 세상을 보는 눈을 가져야 한다는 말씀을 드리려 합니다.

부모는 왜 세상을 보는 눈이 필요할까요? 뻔합니다만 아이가 살아
갈 세상의 변화를 이해해야 아이의 손을 이끌어서 세상과 맞잡게 할 수
있기 때문입니다. 아이는 현재가 아닌 미래적 존재이고, 아이가 살아갈
세상도 아이와 함께 달라지는 미래적 존재이기 때문에 아이를 양육하는
부모로서는 반드시 아이와 세상이 미래적 존재라는 사실을 염두해 두

셔야 합니다.

아이와 세상은 나란히 진화합니다. 부모는 달라지는 세상에 맞추어 아이를 바라보아야 하니까 세상을 보는 눈이 없이는 아이와 세상을 짝 지어 주기가 힘들지요. 세상은 늘 그게 그것 같지만 어제에서 오늘로, 오늘에서 내일로 넘어가면서 빠른 속도로 변화하는, 살아 있는 존재입 니다. 시간과 더불어 세상을 이루는 과학, 문명, 문화, 자연, 사람, 모 두가 바뀌면서 하루하루 달라집니다.

이제까지는 틀에 박힌 지식을 누가 더 많이 갖고 있느냐로 인재의 기 준을 삼았기 때문에 부모는 아이가 많은 지식을 가진 사람으로 자라기 를 원했습니다. 지식이 많은 사람은 인재의 반열에 올라 좋은 직장을 갖거나 출세하고 돈도 벌 수 있었기 때문입니다.

그러나 앞으로, 아니 이제부터는 어떤가요? 지식을 머리에 넣으려고 머리를 싸매고 공부를 하지 않아도 마치 자기가 공부해서 저장해 놓은 것처럼 찾아 쓸 수가 있는 가공할 컴퓨터나 스마트 폰 또는 인공지능 이 있습니다.

인간에게는 묵은 것을 싫어하고 새로운 것을 추구하는 본능이 있고, 현재보다 더 편하고 능률적인 도구를 사용하려는 욕구가 있기 때문에, 어느 시대이고 현재라는 시점은 변화의 한 과정이고 한 단계였습니다. 지금은 사람들의 상식과 상상을 뛰어넘는 놀라운 속도로 변화하기 때 문에 부모의 생각도 기존에서 벗어나지 않으면 육아도 변화에 맞추는 것이 아니라 구태의연할 위험이 있습니다.

부모는 지금까지 쌓아온 지식이나 경험 그리고 그를 바탕으로 하는 관점으로 세상을 보아 왔지만 그 관점은 아이가 사회의 일원이 될 무렵에는 이미 옛것이 됩니다. 그 변함은 단지 기술 문명적인 것뿐 아니라 사람의 사고방식, 가치관, 생활 패턴 등 기존 질서를 벗어나는 변화입니다.

그런 세상을 향해서 아이는 커나가고 있고, 또한 그 미래의 세상에서 자신의 꿈을 이루면서 행복도 누려야 하기 때문에 현재 부모의 육아가 남들이 하는 대로만 한다거나 앞 사람들이 해 오던 대로만 한다면 미래를 생각하는 육아는 아니지요.

그러니, 부모는 그런 세상의 변화를 골치 아프다거나 겁이 난다고 하여 외면하려 들기보다 우선 변화의 참뜻을 새기는 것이 중요합니다. 그 참뜻을 새기노라면 이미 변화 속에 들어와 있고, 그 변화를 맞을 마음의 준비도 되지 않을까요? 세상만사 어렵게 생각할수록 어렵지만 단순히 핵심을 잡아보면 그리 어렵다고만 할 일은 아닙니다.

그래서 부모에게는 용기가 필요하지요. 용기가 있는 부모에게 두려움이 없기 때문입니다. 미래라는 것은 호기심과 흥미를 갖고 사물을 대하면서 궁리하는 아이의 것이기 때문에 부모가 가져야 할 용기는 다름 아닌 아이의 적응을 뒷받침하는 성실성일 것입니다.

간단한 예로 스마트 폰 사용이 복잡하다고 늘 폴더 폰만 갖고 있는 일부 어른들을 보면, 스마트 폰을 사용해서 얻을 수 있는 다양한 정보와 경제적 이익, 그리고 생활의 편리함을 잃게 되고, 스마트 폰 대열에서 낙오자가 됩니다.

알고 보면 스마트 폰은 누구나 사용할 수 있는 어렵지 않은 기기인데 선입관을 갖고 지레 겁을 먹거나 스마트 폰이 없어도 그런 대로 살기는 괜찮다는 안일한 생각이 변화에 도태되는 사람으로 남게 하는 것입니다.

부모가 미래 세계에서 아이가 성공하기를 바란다면 그 첫걸음은 일상의 놀이나 생활에서, 그리고 세상에 널려 있는 사물에서 호기심과 흥미를 느끼게 하고, 그것을 즐기게 도와주는 일입니다. 만일 아이를 생각의 울타리 안에서만 기른다면 아이의 눈과 귀도 부모로 인해서 울타리 밖과 차단되어서 생각의 우물 안 개구리가 됩니다.

더구나 세계는 정보통신 기술의 발달로 한 나라처럼 묶여지면서 고급 지식이나 정보가 실시간으로, 그것도 대부분 무료로 공유됩니다.

세계를 움직이는 기술이나 지식 정보는 거의 노출되어 있기 때문에 이제 무엇을 새롭게 할까를 생각하지 않으면 어느 사이 구시대인으로 되어 버릴 수밖에 없는 세상이지요.

이는 어떤 기업이나 특별한 사람에게만 해당되는 게 아니라 지구상에 살고 있는 사람이라면 어디에서 어떤 일을 하든지 운명이 되어 피할 수는 없습니다.

하기는 모든 사람이 첨단의 변화에 따르는 일을 하면서 사는 것은 아니겠지요. 디지털 속에서도 아날로그의 생존 방식이 있을 테니까요. 그러나 부모는 아이가 이 다음 어떤 삶을 선택할지 모르기 때문에 그에 대응하는 육아를 해야 합니다.

그렇다고 부모가 사회변화에 대한 전문성을 갖출 필요는 없습니다. 그렇게 되기도 힘들고 그렇게 된다고 해서 반드시 육아를 더 잘한다고 할 수도 없습니다. 다만 아이 미래에 관심을 두는 부모가 되어 주면 됩니다. 대부분 부모는 세상이 어떻게 변해간다는 눈치나 체감은 하고 있지만, 실감 있게 우리 아이의 일로 생각하지 않으면서 하나의 인식으로만 그치고 있지요.

저는 앞으로의 세계가 개인의 창의성이 중요시되고, 그 창의성은 서로 다른 사물과 사물을 연결시켜 새로운 어떤 것을 만드는 일이라는 단순한 개념으로 받아들였습니다.

그래서 손자가 놀이에서 자신이 스스로 문제를 해결하도록 하는 자율성을 주고, 모든 사물은 어떤 특성과 의미가 있음을 알아차리도록 사물을 관찰해 보는 일부터 도왔습니다. 그래서인지 아이는 자라면서 새로운 사물에 대한 흥미가 남달랐고, 결국 진로도 그런 방향이 되었습니다.

저는 이 편지에서 부모는 세상을 보는 눈이 필요하다는 말을 강조했습니다. 그러나 세상을 알기 위해서 특별한 지식이나 노력이 요구되지는 않고, 다만 부모는 세상이나 세계가 어떻게 돌아가는지 눈치가 있어야 한다는 말씀도 드렸습니다. 이는 세상과 아이를 연결시키는 부모의 소박한 노력이 필요하다는 말씀이었습니다. 그러므로 아이의 미래를 늘 염두에 두는 소중한 육아가 되기를 바랍니다. 결국 그것은 아이의 행복한 삶을 만들어 주기 위함입니다.

다섯 번째 편지
자신을 보는 부모의 눈

> 부모의 꿈은 부모 자신을 실현하고 싶은 꿈이 아니라
> 아이가 스스로 만드는 꿈을 실현시켜 주려고 하는 아름
> 답고 진실한 사랑의 꿈이 되어야 합니다.

앞 편지에서 부모는 아이를 보고, 세상을 보는 눈이 있어야 한다는 말씀을 드렸습니다. 이제 세 번째 눈인 부모 스스로, 자신을 보는 눈이 있어야 한다는 말씀을 드리려 합니다.

부모는 아이에게 제일의 첫 교육자입니다. 아이는 백지와 같은 상태라서 부모가 하는 행동이나 말은 모두 표본이 되어 아이의 순수한 백지에 그대로 옮기게 됩니다. 아이에게 부모는 절대적인 존재이기 때문에 부모를 따르고 본받는 것은 너무나 당연한 일이지요.

따라서 부모다운 자세를 잃지 않는 것이 필요한데, 가장 부모다운

자세는 한 마디로 아이에 대한 진실한 사랑과 안정감이 묻어나오면서 쾌활하고 밝게 보이는 모습입니다.

하기는 그런 모습이 말로는 쉽지만 현실 상황에서는 아무리 아이를 사랑한다 해도 1년 365일을 그렇게 유지하기 쉽지 않습니다.

부모도 한 인간으로서 나름의 성격이나 기질이 있고, 본의 아니게 화를 낼 때가 있는가 하면 아이에게 상처가 될 말도 합니다. 인간은 아무리 노력해도 신이 될 수 없듯이 화낸 다음 후회하고 화낸 다음 후회하는 일을 반복하면서도 마음대로 잘 고쳐지지 않습니다.

그런데 아이는 부모의 이런 불완전함도 받아들이면서 그대로 배우게 되지요. 부모는 자신이 그런 모습을 아이에게 보이지 않았나를 돌아보면서 스스로를 바로 잡습니다. 지나고 보면 아이가 원인이 아니라 모두 부모가 원인이었다는 후회가 생기기 때문입니다.

또한 일상의 육아에 매몰되어 아이 미래의 삶을 바라보지 못하고 현재의 돌봄에 그치는 안일한 태도는 아닌지도 돌아봐야 합니다. 매일매일 전쟁이고 북새통 같은 육아 현실에 마음을 빼앗기다 보면 어느 새 아이는 1살 2살 나이를 더하고, 애초에 먹었던 육아에 대한 꿈은 어디로 가버리고 맙니다.

아이를 키우면서 하나라도 아이가 다 큰 다음 후회할 일이 없도록 줄여 나가는 것이 현명한 부모입니다.

아이는 늘 부모로부터 보고 배우기 때문에 부모는 나름의 인격적 성숙함을 갖추어야 합니다. 아이가 지니는 일생의 인격을 부모로부터 물려받게 된다는 사실을 생각하면 부모의 인격적 수준은 대를 이어 나가면서 유전 요인으로 이어질 수 있습니다.

부모는 아직 아이가 어리기 때문에 비판적인 어떤 생각이 없으리라 생각하지만, 아이는 다섯 살만 되어도 날카로운 시선을 갖고 있습니다. 만일 아이가 다음과 같은 질문을 한다면요?

"엄마는 화를 내고 후회하고 또 화를 내고나서 안 그런다고 하고 또 그러는데 엄마는 약속을 안 지켜도 되나요?"

"나한테는 동생이 짓궂게 굴어도 참아야 한다고 말하면서 엄마와 아빠는 왜 참지 않고 싸워요."

"거짓말을 하면 나쁘다고 하면서 엄마 아빠도 나한테 거짓말로 달래잖아요."

"아빠는 빨간 신호등을 안 지키고 차가 없으면 왜 그냥 건너가요."

"놀이를 하다가도 내가 잘못하면 화를 내니까 놀 때도 엄마 아빠가 무서워요."

"엄마 아빠는 정말로 나를 사랑하나요? 그런데 왜 내가 잘 할 때만 사랑한다고 하나요?"

아이는 부모의 이런 행동에 혼란스러워합니다. 그러나 어느 틈에 부모처럼 해도 된다는 생각을 하면서 받아들게 되지요. 그렇기 때문에 부모는 자신을 돌아보면서 성숙한 인격자로 되어가야 합니다.

부모로서 육아란 제 2의 탄생이며, 인격을 완성시키는 과정이고, 도를 닦는 수행의 길이기도 합니다. 그래서 부모는 육아를 통해서 진짜 어른이 되어가지요. 아기를 낳아서 기른 부모에게서는 어딘가 푸근하고 너그럽고, 인생을 대하는 눈이 다른 듯한 느낌을 받는 것은 그래서랍니다.

아이는 어리지만 받아들이는 것은 어른과 큰 차이가 없습니다. 세 살만 되어도 수준에 맞게 말해주면 어느 정도의 의사소통도 이루어지고, 세상 물정에 나름의 눈을 뜨기 때문에 어리다고 편할 대로만 대하면 좋지 않은 영향을 미치게 됩니다.

또 아이가 상처받을 만한 언행을 무심코 하는 것이 누적되다 보면 아이의 정서와 심리 발달에 악영향을 끼치게도 됩니다. 하지만 참으로 다행이고 신비스러운 일은 그 어린 아이는 부모가 부족했던 점을 솔직히 인정하면서 진심으로 마음을 보듬어 주면 부모에 대한 상처를 잊고 종전의 친밀감을 회복한다는 것입니다. 이 얼마나 다행한 일인가요.

저는 이 편지에서 부모는 자신을 돌아보는 눈이 있어야 한다는 말씀을 드렸습니다. 아이가 부모를 그대로 본받는 대상 즉, 동일시의 대상이 되기 때문에 아이의 성장과 더불어 부모의 인격도 성숙해 가야 한다는 말씀도 드렸습니다.

그래서 아이 앞에서의 부모는 양육을 통한 교육자가 될 수밖에 없고, 인격은 유전적 영향을 통해서 대대로 전수하게 되므로 인격적 수양이 있어야 한다는 말씀도 드렸습니다. 선생님이라는 자격증만 없을 뿐이지 육아를 하는 부모는 이미 교사 자격증을 갖고 있는 존경의 대상임을 아셨으면 합니다.

이제까지 엄마가 아이를 보는 눈과 자신을 보는 눈 그리고 세상을 보는 눈 세 개의 눈에 대해서 상세하게 말씀을 드렸습니다. 이 세 개의 눈은 육아에 대한 하나의 큰 틀을 형성합니다. 그 틀을 갖추면서 부모는 아이 성장에 대한 꿈과 기대를 가지게 되지요.

부모의 꿈은 부모 자신을 실현하고 싶은 꿈이 아니라 아이가 스스로 만드는 꿈을 실현시켜 주려고 하는 아름답고 진실한 사랑의 꿈이 되어야 합니다.

오늘도 아이와 함께 성장 통을 앓을 부모께 격려와 박수를 보내드리면서 오늘 편지를 맺습니다. 글 읽느라 수고하셨습니다.

육아의 기본 마음 4가지를 정립하라

심리학자나 정신과 의사들은 아이가 만 6살이 되기까지
의 경험이 아이에겐 일생 동안의 삶을 좌우한다고 말합
니다. 이를 생각하면 부모의 육아에 대한 정신적 부담은
더 클 수밖에 없습니다.

육아를 위한 부모의 기본 마음은 말 그대로 육아에서 부모가 새겨두
어야 할 기본적 마음입니다. 부모가 가져야 할 기본 마음은 네 가지로
꼽을 수 있지요.

첫째는 자유롭게 키우겠다는 마음, 둘째 화내지 않고 기르겠다는 마
음, 셋째 대화로 아이를 기르겠다는 마음. 넷째 앞에서 끌지 않고 뒤에
서 밀어주겠다는 마음입니다.

육아를 위한 좋은 말은 많지만 그 많은 말 중에서 이 네 가지를 선별
한 것에 의미를 두시기 바랍니다. 이 네 가지의 기본 마음만 있어도 부

모로서의 육아의 기본적인 준비는 잘 갖추게 됩니다.

이 기본 마음에는 유아기를 지나 청소년과 성인이 되어서까지 해당하는 부모의 계획이 담겨 있습니다. 육아는 먹이고 재우고 입히는 일만이 아니라 아이의 성장 과정은 물론 성장이후까지 삶의 기본 바탕을 깔아 주는 과정이므로 부모의 기본 마음은 아이의 전 생애에 연결된다고 볼 수 있지요.

특히 육아의 경험이 없는 초보엄마에게는 기본 마음을 갖추는 일이 매우 중요합니다. 기본 마음은 육아에 대한 자신감을 갖게 하고, 그 자신감은 육아를 성공으로 이끌 수 있기 때문입니다.

오늘 날 우리의 현실은 아이가 이 다음 평범한 삶을 누리는 것조차도 매일 매일의 날카로운 경쟁을 뚫지 않고서는 이루기 힘든 세상이 되었습니다. 따라서 부모가 육아에 두려움을 갖는 것은 당연합니다.

아이는 아이대로 0세부터 2세 정도까지나 행복할까 3세만 되어도 서서히 경쟁 체제에 들어서면서 무엇을 배워야 하니 고달프게 커야 하는 상황이 됩니다. 더구나 심리학자나 정신과 의사들은 아이가 만 6살이 되기까지의 경험이 아이의 일생 동안의 삶을 좌우한다고 말하니 이를 생각하면 부모의 육아에 대한 정신적 부담은 더 클 수밖에 없습니다.

그러나 육아의 기본 마음이 세워진 부모는 아이를 잘 키울 수 있다는 믿음 때문에 아이 미래에 대한 걱정이 훨씬 덜 해집니다. 아이의 미래가 걱정되고 불안한 것은 부모가 자신을 신뢰하지 못하기 때문이고, 자신을 신뢰하지 못하면 아이에게도 신뢰감을 주지 못하지요.

육아에 대한 자신감이 육아에 성공하는 요체입니다. 다시 말씀 드리지만 그 자신감을 갖는 방법 중의 하나가 육아를 위한 기본 마음을 갖추는 일입니다.

육아에 대한 자신감은 육아 방법에 대한 자신감이기도 한데, 기본 마음은 육아 방법에 대한 아이디어를 만들어 내지요. 따라서 육아에 대한 불안감을 그만큼 덜게 됩니다. 그러나 자신을 믿지 못하면 아이도 믿지 못하고, 불안 심리로 인해서 아이에게 잔소리만 늘어놓게 됩니다.

부모는 날마다 아이와 정신없이 싸우다 보면 어느 사이 아이는 훌쩍 큰 것을 보는 게 현실입니다. 부모가 아이를 그렇게 키우고 싶지 않다면 4 가지 마음에 주목해 보시기 바랍니다.

기본 마음은 허물어지지 않게 튼튼히 쌓는 육아의 둑입니다. 다음 편지부터는 네 가지 기본 마음을 차례로 말씀 드리겠습니다. 오늘도 성공적인 육아로 아이와 함께 즐겁고 행복한 날이 되시기를 바랍니다.

일곱 번째 편지

애야, 이 세상이 네 것인양
자유롭게 놀아라

부모가 쥐어짤수록 아이는 빗나가려 하고, 졸라대고, 칭얼거리면서 부모의 요구를 싫어합니다. 자신에게 주어진 재량권이 없기 때문에 답답함과 불만이 생겨서 그런 것입니다.

아이를 잘 기르는 첫째는 아이를 자유롭게 기르는 것입니다. 부모와 아이 간의 모든 문제는 부모가 아이를 무시하고 구속하려는 데서 발생합니다.

자유롭게 놀게 하고 아이 욕구를 존중해 주면 부모를 신뢰하면서 따르게 되는데, 부모가 아이와 다른 기대를 하게 되면 아이와 어긋남이 생겨서 아이가 스트레스를 받습니다. 아이를 자유롭게 해 주면 자기 멋대로 하고, 말도 듣지 않는다는 우려가 들겠지만 그것은 부모의 기우입니다.

아이는 구속하고 잡아끌수록 빗나가면서 자신을 찾고 싶어 하니까요. 아이를 자유롭게 하면 자신을 찾으려고 할 이유도 없고 오히려 부모와 한층 친밀해 지면서 밝게 크는 모습을 보입니다.

그렇다면 부모가 어떻게 대하여야 아이가 자유로워할까요? 우선은 아이의 욕구를 존중해 주는 일입니다. 하고 싶어 하는 대로 놓아주는 겁니다. 아이가 놀 때는 지켜보면서 위태로운 일만 아니면 아이에게 맡깁니다.

놀이 때는 아이에게 필요불가결한 대화 이외의 잔소리는 금물이라고 생각해야 합니다. 말썽이 되건 물건을 망가뜨리건 그런 것은 나중의 문제이고, 아이의 행동을 살펴만 줍니다. 그러니까 완전하게 아이를 보호하려고 하다 보면 과잉보호가 되는데, 과잉보호는 아이의 자율성을 빼앗는 독소와 같습니다. 유아기의 자율성과 주체성은 아이가 성숙해지는 아주 중요한 요소입니다. 거기서 개성과 창의성 같은 자기만의 능력이 싹트기 때문입니다.

부모가 허용적인 분위기를 만들어 주고 만끽하게 하면 부모를 신뢰하고 존경하면서 부모는 자신의 인생에서 반드시 필요한 존재이고 앞으로도 필요할 존재라고 믿게 됩니다.

그러나 부모는 온갖 사랑을 다 주는 데도 자신을 구속하면 나에게 별로 도움이 되지 않고, 앞으로도 도움이 되지 않을 존재라고 믿습니다.

이 경우, 부모는 아이가 아직 어려서 부모의 진실과 사랑을 모르기 때문이라고 여기지만, 부모 말대로 무엇을 모르고 현재뿐인 아이 에게는 현재의 욕구에 맞추어 주는 육아를 해야 성공합니다.

그런데 아이의 현재에 미래가 포함되는 경우도 있지요. 아이 마음에 느끼는 현재의 큰 행복감이나 그 반대의 불행감의 상처는 무의식 세계를 통해서 미래까지 이어집니다. 모든 성인들도 유년기를 보낸 과거가 어떤지에 따라 성인 이후의 삶에서 어떤 형태로든 잠재된 의식이 나타나는 것은 사실입니다.

저는 어느 기회에 제가 가르친 제자 중 대학생이 된 아이들이 어릴 때 자란 이야기를 나누는 것을 곁에서 지켜 본 일이 있습니다. 자유롭게 큰 아이와 부모의 간섭과 잔소리 그리고 과보호로 자란 아이가 자신들의 성장과정을 숨김없는 솔직하게 이야기하는 자리였습니다.

한 마디로 요약하면 자유롭게 큰 아이는 자기의 부모를 존경한다는 말이었고, 과보호로 자란 아이는 자기는 자기 부모 같은 그런 부모는 되지 않겠다는 말이었습니다. 과보호로 기른 부모는 육아가 더 힘들었을 텐데 아이의 평가는 가혹했습니다. 참으로 안타깝고 슬픈 일이 아닐 수 없지요.

그런데 자유분방하게 자란 아이가 구속감을 느끼면서 어둡게 자란 아이보다 삶이 더 망가졌을까요? 자유롭게 자란 이유 때문에 아이의 인생이 망가졌다는 답은 나오지 않습니다. 자신의 모든 잠재 능력을 발휘하라고 자유로운 분위기를 허용한다 해서 부모가 아이에게 관심이 덜하지도 않습니다. 오히려 부모가 시키는 대로 하면 신경을 덜 쓰게 되는데, 아이에게 맡겨두면 눈을 다른 곳으로 돌리기가 더 힘들기 때문입니다.

자유롭게 기르는 부모의 자신감은 어디서 나오는지를 생각해 보겠습니다. 일단은 부모는 아이의 성장을 아이가 지닌 자연 속성인 자연스러움에 맡깁니다.

그 자연스러움은 순리이고 순리를 꺾는 육아는 진정한 육아가 아니라는 생각을 갖습니다. 순리를 따르기 보다 육아에서 남의 눈치가 빠른 것은 부모의 자신감 결여에서 오고, 그런 부모는 아이에게도 자신감을 갖게 하기 힘들다고 생각하지요.

물론 눈치는 정보 수집의 의미도 있지만 정보 차원을 넘어서 따라 하기만 하는 것은 오히려 아이를 망가뜨리기 쉽다고 믿습니다. 그래서 자신은 아이를 자유로운 분위기 속에서 기르는 것에 가치를 두고, 그런 육아가 자기 아이를 아이답게 만든다고 여기지요.

아이를 자유롭게 기르는 일은 일상의 모든 활동에서 이루어집니다. 놀이와 학습, 규칙이나 예절을 배우는 등 어떤 일상에서든 아이의 자유는 허용될 수 있습니다.

자유를 허용한다는 말은 방임한다는 말이 아니라 자율성에 무게를 둔다는 말입니다. 자율성을 길러주는 것이야말로 아이에게는 일생을 관통할 삶의 방식을 만들어 주는 중요한 가치입니다. 자율적으로 선택하고 결정하면서 자신이 원하는 삶을 채워가는 사람은 인생을 성공으로 다다르게 하는 사람일 수 있으니까요.

어쨌거나 아이의 자유는 부모가 허용하는 범위에서 누립니다. 부모의 허용 범위는 최대한이 되고 규제는 최소한이 되겠지요.

예컨대 아이가 오랜 시간 동안 게임이나 컴퓨터, TV에만 몰두한다면 부모는 확실하고 엄격한 기준을 세워서 아이를 보호해야 합니다. 그를 위해서는 아이와의 갈등을 피하려 하기보다 아이를 지켜낸다는 책임감이 우선되어야 합니다.

아이가 부모의 충고에 따라주지 않는다면 어떤 방법인가는 써야 합니다. 아이의 더 큰 행복을 위해서 부모가 반드시 해야 할 일이기도 하지요. 다만 그 방법은 아이가 두려워서 말을 듣는다든지 부모를 원망한다든지 하게 하면 안 됩니다.

벌칙도 아이의 동의를 우선해야 합니다. 그런데 자유롭게 크는 아이는 이상하게도 부모의 말을 잘 듣습니다. 규칙도 비교적 잘 지키고요. 부모가 쥐어짤수록 아이는 빗나가려 하고, 졸라대고, 칭얼거리면서 부모의 요구를 싫어합니다. 자신에게 주어진 재량권이 없기 때문에 답답함과 불만이 생겨서 그런 것입니다.

공중파 TV방송에서 슈돌(슈퍼맨이 돌아왔다)이라는 프로그램을 방영하고 있는데 아주 인기 프로그램입니다. 거기에는 세 살부터 대여섯 살 된 아이들이 어른과 함께 출연합니다.

내용은 주로 집에서 놀거나 외출을 하고, 여행 경험을 하는 등의 일상을 크게 벗어나지 않습니다. 헌데 저는 이 프로그램이 육아에 대해서 시사하는 바가 크다는 생각을 했지요.

예를 들면 이제 4살 된 아이가 엄마 방 화장대를 뒤져서 립스틱으로 볼까지 빨갛게 칠을 하고, 아빠 얼굴에도 새빨갛게 문질러 놓는 데, 아빠는 아이가 하는 대로 얼굴을 내맡깁니다.

아이는 자기 작품으로 된 아빠의 얼굴을 보면서 깔깔 웃습니다. 아빠는 그것으로 만족한 표정이지요. 아빠는 어떤 행동이든 아이의 크는 과정에서 벌어지는 당연한 일이라고 생각하는 것 같았습니다.

한 번은 아이가 거실에서 실외 슬리퍼를 신고 다니는 것을 본 아빠가 두어 번 그러지 말라고 했는데도 아빠 말을 무시하고 아이가 고집대로 하는 일이 생겼습니다.

아빠가 고민에 빠지다가 아무것도 보이지 않는 다는 듯 앞에 있는 아이의 이름을 자꾸 부릅니다. 아이가 대답을 해도 아빠는 못들은 척 이름을 부르다가 급기야 아이가 보이지 않는다고 우는 흉내를 냅니다. 아이는 근심스러워하며 당황하더니 실외 슬리퍼를 얼른 벗어봅니다.

그러자 심 봉사가 심청을 보고 눈을 번쩍 뜨듯, 아빠가 눈을 크게 뜨고 아이를 알아보며 반가와 하지요. '왜 실외 슬리퍼를 신고 방에 들어와? 얼른 벗어 놓지 못해!' 하고 소리 한 번 지르면 문제를 해결할 텐데 아빠는 끝내 아이에게 어떤 압력도 가하지 않고 스스로 벗게 만드는 기지를 발휘하더군요.

훈육도 이렇게 딱딱하지 않게 가르칠 수 있음을 보여줍니다. 아빠는 이렇게 매사 아이를 막거나 억압하지 않는 자율성을 존중하는 육아를 보여줍니다. 자율성을 길러주면 아이는 책임감을 갖고 자신의 일을 스스로 처리하는 능력이 생기지요.

부모의 마음에 들지 않는 다고, 혹은 짓궂은 장난을 한다고, 또는 일을 저질렀다고 야단을 치거나 벌을 주면 세상은 자신이 원하는 것은 허락하지 않는 부자유스럽고 불편하다는 생각에 아이는 움츠러들게 됩니다. 아빠의 중요한 임무는 순수한 아이가 삶을 부정적으로 인식할 위험을 방지하는 것입니다.

아이의 나이에 따라서 부모가 허용하는 자유스런 분위기가 다르겠지만 애초부터 자유스럽고 자율적인 습관이 들었다면 나이를 먹을수록 아이의 행동은 무게가 생겨나서 부모가 세세히 관심을 갖지 않아도 자신의 일을 스스로 잘 처리해 나갑니다. 따라서 육아는 지금부터라도 좀 멀리 내다보고 하는 것이 훨씬 생산적임을 알 수 있지요.

오늘 편지에서는 부모가 갖추어야 할 기본 마음으로 아이를 자유롭게 길러야 한다는 말씀을 드렸습니다.

세상만사 말대로 쉽게 되지는 않습니다만, 부모가 마음먹고 하자면 안될 일도 없지요. 육아는 부모의 재량권에 속하기 때문입니다. 자칫 아이를 과보호하고, 지나치게 간섭하면 오히려 원망과 거부의 동기가 될 가능성이 높습니다.

여덟 번째 편지_ 기본마음 2.
꼭 지켜야 할 '화내지 않기'

부모가 자주 꾸중을 하거나 화를 내면서 아이를 몰아가
면 아이는 멀쩡하게 행동을 하면서도 혹시 잘못되지는
않았을까 하는 두려움을 갖고, 자기 행동에 자신을 갖
지 못합니다.

성공적인 육아를 위해서는 부모가 아이에게 화를 내거나 큰 소리로
겁을 주지 않는 게 제일 중요한 우선입니다.

아이 행동을 바로 잡기 위해서 야단도 치고, 때에 따라서는 소리를
지르거나 심지어는 매를 대는 일이 전통적으로 인정받은 양육 방식이기
도 합니다.

부모가 아이에게 화를 내는 이유는 화가 아이 행동을 고칠 수 있다
고 믿기 때문이지요. 적어도 화를 내는 순간은 그렇습니다.

그러나 화를 내면서 하는 육아는 긍정보다는 부정적인 면이 크기 때

문에 대부분 부모는 화를 잘 내려하지 않고, 화를 냈을 경우에는 후회를 합니다. 아직 철없는 어린 것을 잘 타일러서 고치려 하지 않고 모질게 야단을 쳐서 아이의 기를 죽여 놓았구나 하는 반성도 들지만 화를 낸 자신이 개탄스러워 지기 때문입니다.

부모가 아이에게 화를 내는 대부분의 이유는 아이가 말을 듣지 않기 때문이지만, 사실은 말을 듣지 않는 아이가 정상입니다.

혼자서 걸으려 하는 만 1살부터 툭하면 싫다고 말하는 만 2살, 그리고 말대답을 하면서 부모와 맞서려 하는 만 3살, 4살이 되어서는 논리적으로 따지려 들고, 만 5살이 넘으면 때로는 부모도 도와주기 힘든 고독감으로 자기 세계에 들어가는 것이 아이입니다.

그 후 미운 7살로 넘어가다가 드디어 사춘기가 다가오지요. 아이가 자신을 찾으려는 계속된 반항의 몸짓은 아이마다 다른 것이 아니라 아이라면 아니 사람이라면 다 똑 같습니다. 부모도 그랬고요. 어른이 되기 위한 과정이라 어쩔 수 없습니다. 이런 과정에서 아이는 부모 말을 잘 듣지 않게 되고, 부모는 화로 아이를 제압해서 부모의 안전한 품 안에 넣으려 하는 일이 늘 전쟁처럼 벌어집니다.

아이의 이런 성장 통이 있을 때 부모가 기본적으로 할 일은 일탈이 습관화 되지 않도록 자기 조절 능력을 키워주는 일과 아이 편에서 따뜻이 보듬어 주는 일입니다. 자기 조절 능력을 키우기 위해서는 자신의 거친 감정을 그대로 분출되지 않도록 미리미리 아이와 교감하고 소통하는 노력을 해야 합니다. 내 아이가 혹시 비뚤어질지도 모른다는 두려움이나 조급함 때문에, 그것이 커나는 과정임을 깜빡 한다면 자칫 아이를 출구 없는 곳으로 몰아 갈 수 있습니다. 특히 부모가 경쟁심이 강하고 아이에게 나름의 기대를 많이 가지면 아이와 소통이 어려운 가운데 화를 잘 내게 됩니다. 화를 내서라도 부모가 생각하는 아이로 만들고 싶기 때문이지요.

아이가 말을 듣지 않는다면 아이가 말을 듣도록 풀어나가는 일도 부모가 해야 할 일입니다. 말을 듣지 않는다고 무조건 아이가 잘 못 되었다는 생각은 옳은 것만은 아닙니다. 아이 나름의 어떤 사정이나 이유가 있기 때문에 말을 듣지 않는데, 부모가 그 부분을 도외시하기 때문이죠. 부모가 볼 때에는 그 이유가 터무니없다 하더라도 아이로서는 그게 진실입니다.

아이는 부모가 속을 좀 썩어 보라고 일부러 어깃장을 놓는 법은 없습니다. 그래서 부모는 일단 아이 입장이 되어서 아이를 바라보고 아이 말에 귀를 기울여 봐야 하겠지요. 이는 화를 내기 전에 반드시 부모가 해야 할 과정입니다. 거기서부터 문제의 실마리가 풀리니까요. 아이가 하는 결과만 보고 덜컥 화부터 내면 부모는 아이를 잘 키우기를 포기한 것이나 다름없습니다.

사실 화 내는 걸 좋아할 부모는 없습니다. 화를 내는 부모도 힘이 들지요. 그러나 아이의 행동을 바로잡아 주려고 화를 냈는데, 화가 가라앉고 난 후에는 아이를 대하는 마음이 넉넉하지 못했다는 자책과 후회가 드는 게 대부분입니다.

그랬다고 아이의 행동이 수정되는 경우는 별로 없습니다. 아이가 행동 수정을 하지 않으려 해서가 아니라 아이는 부모의 화가 두려울 뿐 어떤 감동도 받지 못했기 때문입니다. 아이의 행동이 바뀌기 위해서는 아이가 자신의 행동을 뉘우치거나 생각이 바뀌어야 하고, 그러기 위해서는 아이가 부모에게 어떤 감동이든 받아야 합니다.

한편, 심리학자들은 어릴 때의 갖가지 경험은 무의식 속에 축적되어 개인의 성격에 영향을 주고, 그 성격이 성인 이후의 현실에 반영된다고 말합니다.

아이에게 화를 잘 내거나 화에 의존하여 아이를 가르치려는 부모는 어릴 때에 양육자에게서 자신의 잘못이나 실수가 너그러이 받아들여지지 않고, 책임을 추궁당하거나 야단을 맞는 등 엄격하게 자랐기 때문이라고 말합니다.

화가 대물림을 하는 거지요. 그렇다면 부모의 화는 아이의 잘못된 행동 때문이라기보다 어릴 적 양육과정에서 받은 경험이 투영되었기 때문이라고 할 수 있습니다.

다시 말하면 부모가 어릴 적 양육자로부터 받은 상처가 무의식 속에 잠재해 있다가 지금 살아나서 화를 내게 하는 것입니다. 어떻든 부모가 자주 꾸중을 하거나 화를 내면서 아이를 몰아가면 아이는 멀쩡하게 행동을 하면서도 혹시 잘못되지는 않았을까 하는 두려움을 갖고, 자기 행동에 자신을 갖지 못합니다. 아이는 이미 부모에게 얽매여 있는 상태가 되었기 때문입니다. 아이에게는 일종의 비극이고, 부모에게는 불행입니다. 그런데 부모만이 이 비극을 풀 수 있고, 부모만이 자신의 불행을 행복으로 바꿀 수 있지요. 내 아이가 아이답게 되고, 부모가 부모답게 되는 것은 그렇게 풀고 난 후에야 이루어지는 일이고요.

어쨌거나 부모는 화를 내지 않고 아이를 다루는 방법을 나름대로 터득해야 합니다. 그래야 아이와의 애착관계도 지속되고, 모두가 행복하지요. 말씀드렸지만, 화는 부모의 부모로부터라는 뿌리가 있기 때문에 한두 번 마음 고쳐먹는다고 화가 줄어들거나 화를 내지 않게 되기는 힘듭니다.

따라서 부모는 화를 자제하거나 참는다는 소극적 자세를 넘어 화를 뿌리째 소멸시키고 말겠다는 의지를 갖지 않으면 가슴에서 치미는 화를 제압할 수 없습니다.

한 가지 덧붙일 일은, 아이에게 화를 내고나서 시간이 지난 다음 미안한 마음이 들어서 아이에게 미안하다는 말을 할 때에는 부모 자신에게도 용서와 위로를 주어야 한다는 것입니다. 생각하면 부모의 화는 무의식 가운데에 있던 어릴 적 상처로 인하여 유발되었을 수 있으니까 부모도 피해자입니다.

부모는 자신을 위로하면서 아이에게 낸 화를 스스로 용서해주어야 멍울이 풀립니다.

'내가 화를 낸 건 민성이를 바로잡으려고 그런 거야. 나의 최선이었어, 화를 낸 나를 용서할게. 다음부터는 민성이가 잘못을 해도 더 좋은

방법을 갖고 대하자.'

　이렇게 스스로를 깊게 용서하면 아이에게 냈던 화는 상처가 되지 않습니다. 새로운 희망이 생겨서 무너진 부모의 자존감도 되살아나고, 자신을 다스리거나 아이와 공감하는 능력도 한 단계 높아집니다. 따라서 자신을 용서하는 일은 새 출발의 첫걸음이지요.

　지금까지 부모의 기본 마음 중 화내지 않기에 대해서 말씀드렸습니다. 부디 부모가 자신의 화로 인해서 속상하는 일이 없기를 바랍니다.

　다음 편지에는 부끄럽지만 손자에게 화를 냈던, 제 자신의 이야기를 옮기겠습니다. 저 역시 화를 안 낸다고 다짐하면서도 손자에게 화를 낼 수밖에 없었던 경우를 소개해 보겠습니다.

🎗1월 7일(37개월)

"나도 할아버지를 용서할 수 있어?"

　할아버지는 자주는 아니지만 너한테 화를 내거나 큰 소리를 하고 나면 후회되고 마음도 아프단다. 그럴 때 너한테 사과를 하고 네 맘을 풀어주면 할아버지 마음도 가벼워지지.

　어제 저녁, 할아버지가 물리치료를 하는데 네가 방에 들어와 침대위 보조치료기를 건드려 방바닥으로 떨어졌어. 보조기의 전구가 혹 깨지면 A/S를 받아야 하는데 센터가 먼 지역이라 며칠 사용못할 수도 있거든.

순간 할아버지가 소리를 버럭 질렀단다.

"왜 여기 와서 그래? 여기서는 조심해야 한다고 했잖아!"

소리를 지르니 넌 얼른 방을 나갔지. 떨어뜨린 보조기는 멀쩡한데 할아버지가 왜 화를 내는지 모르고 나갔을 거야. 좀 있다 할아버지가 물리치료를 끝내고 나오니 베개를 발로 퉁명스럽게 걷어차더구나. 할아버지에 대한 시위겠지.

"베개는 왜 발로 차? 그리고 지금 몇 신데 안 자는 거야? 밤 열두 시가 다 되었잖아!"

할아버지의 큰 소리에 얼른 자리로 가더니 자는 척 눈을 감더구나. 기분이 매우 언짢은 상태였지.

오늘 아침에도 너는 기분이 안 풀린 것 같았어. 어린이 집에 보내고 나서 할아버지도 내내 그 일이 마음 걸렸단다. 어린이집에서 오면 너한테 사과를 하려고 마음먹었단다. 오후에 스쿨버스에서 잠이 들었던 네가 저녁 때가 다 되어서야 깨더니 할머니에게 투정을 부리더구나. 할아버지는 네 마음을 풀려고 컴퓨터를 켰지. 거기에는 동요 영상들이 있거든. 너는 그것을 좋아하지. 명쾌한 소리가 들리자 너는 언제 그랬느냐는 듯 달려왔지.

"이거 나 좋아해!"

늘 그랬듯 할아버지 무릎 위에 올라와서 한동안 흥겹게 노래를 따라 불렀지. 노래가 끝나자 나는 이 때다 했단다.

"민성아. 어제 할아버지가 소리 질러서 기분이 나빴지?"

"응."

"어제 할아버지도 네가 조심하지 않고 보조기를 떨어뜨린 것에 화가 나서 그랬어. 그렇지만 왜 화가 났는지 너한테 말도 안 하고 화만 내서 미안해. 할아버지 용서해 줘."

"나도 할아버지를 용서할 수 있어?"

너는 의외라는 듯 묻더구나.

"그럼. 할아버지가 잘못했으니 '용서해다오.' 라고 말할 수 있고, 너는 용서할 수 있지."

"그럼 용서할게."

"오, 용서해 줘서 고마워."

우리는 서로 포옹하면서 화해했단다. 아이고, 이제 할아버지 마음이 좀 가벼워졌네. 흐뭇한 너와의 화해였다.

🥄 3월 2일(40개월)

"말로 해야지, 그게 뭐야!"

가끔은 네가 하는 말에 깜짝 놀라거나 감동할 때가 있단다. 오늘 어린이집에 다녀와서 무엇에 틀어졌는지 이유 없이 장난감 통을 집어던지고 소리를 지르더구나. 할아버지가 왜 그러느냐고 물어도 대답 없이 불만이 안 풀리는 표정이었어. 어린이 집에서 무슨 일이 있었나 해서 전화로 선생님께 물어봐도 별 일 없었다 하시고.

"너 지난 번 그러다가 할아버지한테 혼나고 잘못했다고 했잖아? 또 그러면 종아리 맞는다"

아무래도 안 될 것 같아서 할아버지는 엄포를 놓으며 전시효과로 장롱 위에 얹어 두었던 회초리를 내려서 바지 위로 서너 번을 때렸지.

한 달 전 쯤 종아리를 때리고 그렇게 후회를 한 일이 있는데도 오늘 또 회초리를 든 거란다. 그러나 할아버지는 이제 회초리를 든 손에는 영 힘이 안 가더구나. 너는 할아버지가 마음이 약해져 매가 맵지 않다는 것을 알았는지 얼른 수그러들지 않았어. 그래서 매보다 더 매운 말을 했지.

"매를 맞아도 부끄러운 줄 모르고, 잘못한 것도 모르고 그러면 너는 강아지나 고양이와 같아. 짐승들은 잘못한 것을 모르잖아! 네가 강아지나 고양이야?"

그제야 표정을 바꾸면서 할아버지 품으로 들어오더구나. 자신을 강아지나 고양이에게 비유한 것에 자존심이 상했나. 일은 그렇게 끝났는데 저녁을 먹은 후 네 마음이 다 풀렸나 해서 '자꾸 야단치니까 할아버지가 미워?' 하고 물었더니 너는 슬그머니 시선을 돌리며 작은 목소리로 '아니.'라고 대답했지. 시원한 대답이 아니었지.

"민성아 너를 때려서 할아버지도 마음이 많이 안 좋아. 하지만, 또 그렇게 이유 없이 소리 지르고 떼를 쓰면 할아버지가 다시 회초리를 들 수밖에 없어."

그랬더니 네가 뭐라고 한지 아니?

"왜 때려, 말로 해야지. 그게 뭐야!"

나는 갑자기 정신이 번쩍 드는 기분이었단다.

"안 되면 이거 안 된다 그래야지. 왜 때려? 다음부터는 때리지 마."

너는 계속해서 할아버지를 꾸중했어.

"잘못하면 또 때리고 잘못하면 또 때리고 하면 안 돼."

아니, 이것이 어디 어린애가 하는 말인가? 할아버지는 웃어야 할지 울어야 할지 순간 막막하더구나. 그리고 다시 몰려오는 그 미안함! 아니 부끄러움이라고 해야 맞겠지.

민성아. 네 말이 백 번 맞아. 평소에도 말을 하지 않을 뿐, 너는 옳고 그름을 다 판단하고 있었구나. 할아버지는 부끄러우면서도 그렇게 말하는 네가 대견했단다.

제가 손자에게 화를 내는 일을 고친 것은 이 두 편의 일기 때문입니다. 손자가 잘못하는 걸 보면 큰 소리로 꾸중을 하거나 화를 내고, 그런 다음에는 후회를 하고, 잊을 만하면 다시 그런 일이 생기곤 했지요.

어떻게 해서든지 아이를 반듯하게 잘 가르치고 싶었고, 너무도 손자를 귀하게 여긴다는 게 그런 행동으로 나타났습니다. 그러나 후회도 한두 번이지 나중에는 제 자신이 싫어지기도 했답니다.

그런데 어느 날 위의 일기에서처럼 손자가 하는 말에 충격을 받은 것이 제 행동을 고치는 결정적 계기가 되었지요.

그래서 어떻게든지 고쳐보겠다고 결심한 방법이 아이에게 화를 내던 장면을 머리에 그리면서 태도를 180도로 바꾸는 '장면 연습' 하는 일이었습니다. 장면 연습을 아무도 없는 곳에서 몇 번이고 했답니다. 스스로에게 벌을 준다는 마음으로요.

연습 1 보조기를 떨어뜨려서 화를 냈던 일

'보조기가 떨어졌는데도 말짱하구나. 민성이가 놀랐겠네? 괜찮아, 민성아. 깨지면 어때? 일부러 그런 것도 아니잖아. 다시 고치면 되지.' 놀래서 겁을 먹고 있는 아이를 안고 이렇게 안도감을 줍니다. 아이 얼굴에는 안도의 빛이 나타나겠지요. 할아버지 얼굴에도 웃음이 나타납니다.

연습 2 할아버지 이마를 막대기로 때려서 화를 냈던 일

"아이고 아파라. 민성이가 화가 많이 났나? 할아버지 이마에 혹이 날 거 같다. 할아버지가 아파 죽겠네. 할아버지가 미워? 할아버지는 민성이가 너무 좋은데. 할아버지는 많이 슬프다. 하지만 이제부터는 민성이 사랑하지 않을지도 몰라. 할아버지를 때렸으니. 사과하면 다시 사랑할 수 있는데....(아이가 할아버지에게 사과합니다. 아이를 안고 빙글빙글 돌리며 웃습니다.) 민성아, 다시는 안 그럴 거지?"

이 이외에 그간 있었던 일에 대해서도 그 때 상황을 떠 올리면서 그런 방법으로 연습을 했답니다. 몇 번이고 했지요. 연습하는 동안 제 마음은 착잡하면서도 한편 고해성사할 때처럼 가벼워짐도 느꼈답니다.

아이가 이 못난 할아버지 만나서 불행했겠구나하는 생각, 전국의 할아버지가 손자를 돌보며 행복을 주는데 나는 어린 손자에게 화를 내는 할아버지가 되다니! 하는 후회 때문에 스스로가 원망스럽고 부끄러웠지요. 저는 할아버지가 달라진 것을 이상하게 생각할까 봐 우선은 아이를 이해시켰습니다.

"민성아. 이제 실수로 잘못해도 괜찮아. 그리고 네가 하고 싶은 것을 하다가 잘 못되어도 괜찮아. 절대 야단치지 않을 게. 네가 하려고 하는 게 더 중요해. 알고 보니 잘못한 것은 나쁜 게 아니라 이 다음에 더 잘할 수 있게 하는 좋은 경험이래. 할아버지가 이제 그걸 알아냈단다!" 농담하듯 아이 마음을 풀어지게 했지요.

사실 화를 내지 않기 위해서 저는 자신과의 싸움을 한 것입니다. 어떻게든 화 안 내는 할아버지가 되고 싶었지요. 가족 외의 누가 알면 창피하기까지 했고요.

그 후로 아이는 자신이 잘못이나 실수를 해도 할아버지를 한 번 쳐다볼 뿐, 담담해졌지만 제 노력은 손자가 대학에 입학한 지금까지도 계속되고 있습니다.

다 자란 손자에게는 더 완벽한 제 모습을 보여주고 싶고, 지금도 아이가 저를 좀 어려워하는 걸 보면 혹시 어릴 때 할아버지에게 얽매어서 그럴까 해서 가엾고 미안한 마음이 가시지 않아서입니다.

아이는 모든 일을 잊은 지 오래지만 제 마음 안에는 '그 때 내가 좀 더 행복하게 대해 주었어야 하는데 ..'하는 마음이 사라지지 않습니다.

지금은 다른 사람에게 내던 화도 거의 고쳤으니 손자가 제 스승이라는 생각까지 든답니다.

손자 사건 이후 저는 한 블로그에서 어느 엄마가 쓴 글을 읽었습니다. 투정을 부리며 밥을 먹던 4살 된 아이가 숟가락을 던져서 엄마의 이마를 때렸답니다.

그 길로 엄마는 아프다는 표정을 지으면서 소파에 누워 않는 시늉을 했다더군요. 아이가 물을 달라고 해도 '미안한데 엄마 아파서 못해. 네가 갖다 마셔.'라고 거절을 했고, 아이가 장난감을 찾아도 같은 말로 거절하면서 아주 아픈 듯 했다지요.

그랬더니 아이가 울음을 터뜨리면서 엄마 품으로 파고들더랍니다. '네가 엄마를 때리면 엄마는 아파서 아무것도 못해. 엄마가 너를 사랑하는데 사랑하는 사람을 때리면 안 돼. 엄마는 너 때문에 많이 슬퍼. 다음부터는 그러지 않을 거지?' 이렇게 해서 아이의 행동을 고쳤다는 이야기였습니다.

저는 교육에 대해서 무엇을 좀 안다고 생각했었는데 그 엄마 이야기를 듣고 한 없이 부족한 제가 부끄럽기만 했지요.

그런데 부모의 화는 대부분 조급한 마음과 아이를 잘못 이해하는데서 나옵니다.

"그대로 두면 나쁜 버릇이 될지 몰라, 저러다 성질 나빠지면 어떻게 하지, 그냥 두면 나중에 더 큰 문제가 생길 수 있어, 부모 말을 우습게 알아, 너는 꼭 야단을 쳐야 들어 먹더라." 등등입니다.

　이런 마음은 아이에게 화를 내거나 소리치거나 닦달하도록 합니다. 그러니 아이를 잘 다루기 위해서는 유연한 자세가 필수입니다. 유연한 자세는 아이가 벌인 일을 이성적으로 처리하고 인격적으로 대하게 합니다. 성격이 급하거나 화를 잘 내는 부모도 저처럼 마음을 단단히 먹으면 안 될 일은 없습니다.

　지금까지 아이가 행복하려면 부모가 화를 내지 않아야 한다는 말씀을 드렸습니다만 말은 쉬워도 화를 내지 않으려면 얼마나 힘든지는 당사자인 부모가 더 잘 알지요. 그러나 내 아이의 행복과 더불어 부모 자신의 행복을 위해서도 넘어야 할 산이니 어쩌겠습니까? 부모가 기본 마음을 갖고, 마음만 단단히 먹으면 못 할 일도 없습니다.

　'화'는 정말 부모가 자녀에게 내지 말아야 할 가장 중요한 부분임을 다시 말씀드립니다.

아홉 번째 편지_ 기본 마음 3.
공감의 통로, '대화하기'

일상에서 대화를 잘 하는 아이는 표정이 밝고, 잘 웃고,
큰 소리로, 당당하게, 자연스럽고 솔직하게 자신을 표
현합니다. 실수나 잘못이 있을 때도 정직한 태도로 인정
하면 심리적으로 건강하기 때문에 자신감이나 자존감을
잃지 않습니다.

대화를 기본 마음으로 말씀드리는 이유는 육아에서 대화가 다양한
기능을 하는 참으로 유용한 도구이기 때문입니다. 대화가 아이를 종합
적으로 성장하게 하는 틀을 제공하는 등 유용한 기능이 있기 때문에 대
화를 빼고는 아이를 효과적으로 양육할 수가 없습니다.

여기서 말씀드리는 대화는 일상에서 부모와 아이가 주고받는 말을
뜻합니다. 대화는 눈만 뜨면 주고받는 흔한 일상이지요. 하지만 대화
는 필수적인 의사소통 수단일 뿐만 아니라, 아이의 생각이나 감정, 느
낌, 정서, 이미지, 상상력, 창의성, 인격 형성 따위를 종합적으로 발달시

키는 두뇌 성장의 보물 창고이기도 합니다.

　대화는 부모가 일방적으로 설득하고, 잔소리하고, 설명하는 태도가 아닌 마치 친구와 같은 평등한 입장에서 아이가 어떤 부담을 느끼지 않는 가운데에서 하는 이야기입니다. 그런 대화라야 아이는 눈치 보지 않고 의견을 말하고, 묻고, 반론을 제기하고, 감동하고, 깔깔거리며 웃거나 골도 내는 대화의 진면목을 발휘합니다.

　아이는 친구 이야기를 하고, 책에 나오는 동물이나 놀이터에서 본 고양이 이야기, 인형을 물에 적시고 울던 이야기, 부모가 화를 냈을 때 무서웠다는 이야기, 어떤 장난감이 갖고 싶으니 사달라는 부탁, 유치원에는 자기를 좋아하는 친구가 있다는 말도 하겠지요. 부모와 통하기만 하면 아이의 이야기는 무궁무진합니다.

　아이가 잘못하거나 실수를 했을 경우에도 일방적으로 야단을 치기보다 아이 스스로 잘못을 깨닫고(아이를 긍정적으로 보면 가능합니다.) 사과를 하게끔 이끌어 주고, 사과를 하게 하면 그것으로 그 사안은 종지부를 찍고 재론을 하지 말아야 합니다.

　핑계대지 않고 솔직히 사과를 하면 부모는 아이의 인격을 칭찬해 줍니다. 그러면 아이는 잘못 자체보다 그 잘못한 결과를 처리하는 것이 중요함을 배우게 되지요.

　대화에 대한 기본 마음이 있는 부모는 아이가 어떤 말을 하건 대화를 이어나가려고 마음을 씁니다. 말을 끊거나 윽박지르고 재촉하지 않습니다. 아이 말에 귀를 기울이면서 맞장구도 치고, 웃기도 하고, 손뼉도

처주고, 칭찬이나 감동 표현으로 포용도 합니다.

대화는 이렇게 부모와 아이에게 에너지를 주기 때문에 육아의 가장 큰 힘이 됩니다. 아울러 아이는 부모와의 대화가 즐겁고, 자신이 존중받는다는 느낌 때문에 자존감과 자신감이 생기면서 필요한 정신적 영양분을 대화를 통해서 섭취하게 됩니다.

대화 시에 부모는 아이가 전달하려는 뜻에 맞게 말을 하고 있는지, 말하는 태도나 습관은 어떤지도 함께 보아 주면 좋습니다. 대화는 일생을 두고 타인과 교류하는 언어활동이므로 무엇을 말하는가도 중요하지만 어떤 습관으로 어떻게 말하는가도 그 못지않게 중요합니다.

어릴 때부터 올바르게 말하는 좋은 습관이 들면 일생 동안 남들의 신뢰를 얻고, 행복한 삶을 만들기 때문에 부모는 그때그때의 대화에 맞는 틀인가를 보면서 아이를 이끌어 줍니다.

아이가 3살 정도만 되어도 말을 배우면서 부모를 따르는데 그 이유는 부모가 자신의 말을 경청하면서 감정을 공유해 주고 문제도 해결해 주기 때문입니다.

이 때부터 아이는 의사소통이라는 말의 기능을 자연스럽게 터득하고, 그 의사소통이 서로의 내면을 전달한다는 것도 알게 됩니다. 만일, 부모가 어떤 의도를 갖고 묻거나, 다그치거나, 윽박지르고 소리친다면 아이에게는 대화가 아니라 술수이고 폭력일 수 있습니다.

그런 경우 아이는 부모 말을 경청하는 것 같지만 두려움이나 무서움 또는 위압감 때문에 부모의 말에 담긴 메시지를 소화하지 못하고 귓가로 흘릴 뿐입니다.

크든 작든 아이의 잘못이 있을 경우에도 부모는 화를 내거나 야단을 치기보다는 일단 아이와 차분한 대화를 나누어 자초지종을 파악해야 문제의 해결도 쉽습니다.

사정을 잘 알고 나면 이미 문제의 반이 해결된 것이나 같기 때문이죠. 아울러 말씀드리고 싶은 것은 그 아이의 잘못이나 실수는 말이 잘못이고 실수이지, 아이로서는 또 하나를 배워나가는 필수의 과정이라고 생각하면 부모는 훨씬 마음이 편해서 사태를 생산적으로 해결하게 됩니다.

지금까지 대화가 육아를 위한 부모의 기본 마음이어야 한다는 말씀을 드렸습니다. 아이와 왜 대화를 하고, 그 대화는 어떤 대화이어야 하는가도 말씀드렸습니다.

다음은 손자와 나눈 대화를 육아일기에 담은 것입니다. 아이와 더 좋은 대화를 위한 힌트가 되었으면 하는 마음에서 며칠분을 그대로 옮깁니다. 참고가 되었으면 좋겠습니다.

🎻 4월 28일(44개월)

우리 햄버거 집에 좀 가요!

엄마: 민성아. 키가 크려면 멸치를 많이 먹어야 해.

민성: 으응. 싫어. 나 꽁치만 먹을 거야.

할아버지: 꽁치도 먹어야 하지만 멸치를 먹어야 뼈가 더 튼튼해져.

민성: 근데 꽁치는 가시를 먹으면 안 돼.

할머니: 맞아. 가시를 먹으면 목에 걸려서 큰 일 나지.

엄마: 민성아, 콩도 먹고 달걀도 먹고 미역을 먹어야 키도 크고 힘도 세져.

할머니: 민성이가 달걀을 잘 먹어.

민성: 나 밥 고만 먹고 오늘 유치원에서 일기 쓴 거 봐야 해.

아빠: 오, 민성이가 일기를 썼어?

할아버지: 이거 민성이가 쓴 일기야? 아니 이게 어느 나라 글자냐? 영어 같네. 하하하.

민성: 이거 한글야 한글!

할아버지: 아이고, 민성이가 처음 쓴 한글이구나. 기념으로 잘 두어야지.

아빠: 그래도 잘 썼어요. 어디 읽어 봐 민성아.

민성: 유치원에는 친구들이 많고 공부도 열심히 하기 좋습니다. 유치원은 친구들이 많아서 공부하기 좋습니다. 오늘은 월요일입니다. 월화수목금토일 즐거운 월요일.

엄마: 아아, 우리 민성이 정말 일기를 잘 썼구나. 박수! (모두 박수를 침)

민성: 근데 롯데 햄버거 집에 좀 가자!

할머니: 아니 네가 햄버거 집을 어떻게 알아?

민성: 나 햄버거 집도 롯데리아 집도 안 가 봤어. 가보자.

엄마: 거기 뭐 파는 곳인지 아는구나.

민성: 거기 햄버거 팔아 햄버거!

엄마: 햄버거 많이 먹으면 뚱뚱해지는데? 괜찮아?

민성: 햄버거 먹으면 배 나와?

할머니: 그럼 배가 쑥 나오지. 축구공처럼.

민성: 야! 박수! 박수!(혼자서 박수를 침)

아빠: 햄버거가 얼마나 큰데.. 그거 하나 다 못 먹을 걸?

민성: 나 다 먹을 수 있어. 박수! 박수! 햄버거 먹자!

할머니: 햄버거 많이 먹어야 똥만 많이 싸지 뭐.

민성: 나 똥 조금만 싸는데?

모두: 하하하하.

할아버지: 그러자. 민성이 데리고 롯데리아도 가고 햄버거 집도 가자.

민성: 아호! 나 햄버거 먹을 거야.

민성아, 이렇게 가족들이 시끌시끌하게 웃는 기쁨도 네가 있어서란다.

저녁을 먹은 후 가족이 모여서 부담 없이 나누는 대화입니다. 가족들은 아이에 대한 관심이 높았기 때문에 평범한 내용이지만 언제나 아이 중심으로 오고 갔습니다.

아이 역시 대화의 즐거움과 가족의 사랑을 느끼는 듯 했지요. 가족의 대화에서는 아이가 사랑과 행복을 느낄 수 있어야 합니다. 그런 대화는 건강한 성장에 필요한 아이의 정신적 심리적 안정감과 행복감을 갖게 합니다.

아이가 무슨 말을 해도 무조건 응하고 대하라

오늘 너는 꼬마 생쥐 메이지라는 비디오를 보면서 혼자서 엄청 많은 이야기를 하더라. 메이지가 자전거를 타고 가는 장면이 나오는 비디오 인데, 그 화면을 보면서 두 자전거 바퀴와 비디오테이프가 비슷하다고 생각했는지, 거기서 시작된 이야기는 자신이 경험한 일이나 상상과 연결되면서 무려 30분도 넘게 이어갔단다. 할아버지는 도무지 무슨 말을 하는지 모르겠지만 행여 네 이야기를 방해할까 봐 곁에서 흥만 돋우었지. 네가 하는 이야기를 녹음테이프에 담아서 몇 번이고 되돌려가며 듣고 일기에 기록한 내용이다.

민성이가 텔레비전을 보면서 갑자기 '알지?' 하고 말한다.

할아버지: 모르겠다. 뭔데? 민성아, 설명해줘 봐.

민성: 왜 몰라? 텔레비전에는 이렇게 마음대로 움직이는 기구가 있잖아. 이 자전거 봐. 그래서 이렇게 이렇게 하면(손을 돌리면서) 천천히 돌고, 이렇-게, 이렇-게 하면 빨리 도는 거야. 이게 쓰러지지 않게 우리가 남아서 음, 숨, 숨을 꼭 참고... 응, 응, 기계가 그렇게 된 거야. 이렇게 해서 자전거는 빨리 달리게 할 수 있는 행수가 있어. 빨리 달리면 이렇게 가고, 천천히 해도 빨리 가는 그러는 기계가 있어. (자전거 기어를 말

하나?) 이게, 이 안에는 전기가 있어. 응. 어. 이렇게 하면 어, 돌면서, 나 줘 바, 병정들이 어지러워서 다 도망치고 말아. 그러면 어, 어 그렇게 싸우는 기계를 목탄비라고 해. 그래 목탄비.

할아버지: 아, 목탄비라고 하는구나. 이름이 듣기 좋아.

민성: 응. 목탄비는 원래 자기 이름하고 똑 같으면 안 싸우거든?

연필이 자기이름을 황민성이라고 생각 가지면 내가 이렇게, 이렇게, 이렇게(글씨 쓰는 흉내) 쓰는 거야.

내가 더 말해 줄게. 첫째, 이 녹음기는 요기 안에 폴작폴작 자전거처럼 하는 게 있어. 자전거는 이렇게 하잖아.(돌리는 시늉) 자전거에 달린 기계를 잘 보고 다녀. 자전거 뒤에도 기계가 달려 있어. 그 다음은 이케 이케 생긴 거가 덜커덕 덜커덕 빨리 가거든. 한쪽만 덜커덕 덜커덕 하는 거야. 그래서 화면도 잘 볼 수 있어. 두 번째, 그 화면은 원래 호반짜로 가는 거야. 호반짜 뭔지 알지?

할아버지: 그것도 몰라. 민성아.

민성: 호반짜는 어, 어, 나무하고 무지개 하고, 무지개는 원래 바수인이야. 바수인. 그게 바로 이 큰 휴지통을 부수고 이렇게, 이렇게 집을 만드는 거야. 그 집을 수건가라고도 해. 수건가가 뭔지 알지?

할아버지: 할아버지는 그것도 몰라.

민성: 수건가는 할아버지가 집 만든 거잖아! 도깨비 집 만든 거 몰라? 도깨비 얼굴 그린 집. 수건가는 할아버지처럼 그렇게 집짓는 거야. 그리고 세 번째, 그 다음은 봄이 되면 이파리가 많잖아? 그런데 그 이파리

는 응, 응, 파리, 파리채 같은 거 말고. 여기저기 다 돌아 다녀도 잘 잡을 수 있는 거야. (잠자리 채?)그것을 새돈미라고 해, 새돈미. 새돈미 뭔지 알지? 새돈미는 이렇게 생겼어. 그게 이렇게 벌레를 담아서 이렇게 하면 벌레가 딱 붙어서 이 안에 벌레 씨가 찰싹 붙어. 왜 할아버지 과수원에 가서 봤잖아! 거기에 또 잠자리도 붙어. 그러면 잠자리를 이렇게 꺼내서 바늘로 찔러서 가만히 놔두는데 다시 날라 가려 하면 다시 잡아서 바늘로 찌르는 거야. 그러면 가만히 있어. 이게 세 번째가 끝이야.

네 이야기를 모두 옮길 수 없어서 줄거리만 뽑아 옮긴다. 무려 30분 동안 말을 이어나갔단다. 첫 번째 이야기는 비디오테이프와 생쥐가 타고 가는 자전거 바퀴를 비교해서 말한 것 같고, 두 번째는 할아버지가 냉장고 포장 박스를 개조해서 만들어 주었던 도깨비 집 이야기 같고, 세 번째는 언젠가 과수원에서 잠자리 채집을 해서 표본을 만든 일이 있는데 그것을 말하는 것 같았어.

할아버지는 네 이야기가 마치 저 아일랜드 작가 제임스 조이스가 의식의 흐름이라는 수법으로 쓴 소설 율리시스를 읽을 때와 같은 느낌이었지. 하하. 그 작품은 이야기의 앞뒤가 뒤섞여서 줄거리를 잡기가 힘들단다.

할아버지는 네 말의 내용보다 첫째, 두 번째, 세 번째 하고 구분하면서 나름대로 일목요연하게 설명하려 하는 게 놀라웠단다. 그리고 이 일과 저 일을 연결시키면서 새로운 개념을 만들어 내는 창의성이 엿보여

좋았단다. 말하는 태도도 정열적이었고 가끔은 말이 잘 안 나와서 어, 음, 응, 같은 둔사를 섞었지만 감정을 따라 낭랑하게 말하더라. 네 말을 녹음해 둔 것(녹음테이프 NO. 5 뒷면)을 언젠가 찾아서 들어보렴.

민성아, 쉬지 않고 오래도록 들려준 네 이야기가 할아버지를 행복하게 했단다. 이제 얼른 또 그렇게 말할 기회를 만들어 보자. 응?

만 네 살 때인 이 일기는 여러 가지로 아이의 가능성을 보여주고 있습니다. 첫째, 두 번째, 세 번째 등으로 나누면서 한 말은 논리성이 엿보였고, 사물의 명칭이 사람들에 의해서 만들어 지는 언어 이해의 첫 단계임을 보여줍니다.

아이가 말하는 내용으로 보아 사실과 사실을 연결시키는 상상력과 창의성이 있는 게 아닐까 하는 생각도 들었지요. 그런 기회는 자주 있지 않고, 아이가 흥이 나야 하기 때문에 기미가 보이면 부모는 흥을 돋우어 아이가 말문을 열도록 이끌어 줍니다.

어려서의 싹이 자라나서인지 지금 대학생이 된 손자는 토론이나 발표에 부담 갖지 않고 오히려 스스로에게 기대를 걸면서 참여하는 편입니다. 고등학교나 대학 입학 시 면접고사를 비교적 성공적으로 치른 것도 어려서부터 이렇게 대화 분위기를 만들어 준 덕이 아닌가 하는 생각도 들지요.

만일 위와 같은 상황에서 부모가 '너는 왜 말도 안 되는 말을 계속하니?'라든가, '네 맘대로 만든 말을 어떻게 알아들어?'라고 무안을 주면 아이는 표현하고 싶던 마음이 사라지고 맙니다.

● 8월 6일(48개월)

"발은 아래 있어 더 힘들어."

오늘은 할아버지가 어깨가 아파서 네게 부탁을 했지. 가위로 색종이를 오리고 있더구나.

"민성아. 할아버지 어깨 좀 주물러 줘. 어깨가 아파서 그래."

너는 귀찮은지 한 쪽 손을 가리키면서 갑자기 아픈 체하더라.

"나 손 아파."

"그럼 저쪽 손으로 해줘."

"그 손은 힘들어."

"그러면 할아버지가 엎드릴게 발로 살살 밟아 줄래?"

"발은 아래 있어서 더 힘들어."

"그러면 저 장난감으로 톡톡 두들겨 줘."

"장난감으로 하면 망가져."

"그럼 어떻게 하지? 할아버지 어깨가 아픈데..."

"이제 나을 거야."하하하. 너는 할아버지를 돌아보지도 않고 능청스럽게 말을 했지. 끝까지 하기 싫다는 말은 안 하고 핑계 대는 말만 하는구나. 그래도 네가 귀엽기만 하구나.

아이 말을 들어보려고 할아버지가 계속 부탁하면 아이도 자꾸 핑계를 대며 거절합니다. 즉석에서 만들어 내는 장난스러운 핑계들이 사고의 유연성을 만들어 냅니다. '이제 나을 거야.' 라는 마지막 말은 할아버지가 서운하지 않도록 하기 위한 전략이지요.

저는 이 말이 이 대화에서 백미라고 생각했습니다. 일상의 대화를 통해서 아이는 자연스럽게 생각을 만들어내고 순발력도 높일 수 있습니다. 대화나 토론의 능력을 갖추자면 내용 면, 표현력, 순발력, 유연성이 있어야 하는데 대화는 어려서부터 그런 힘을 길러줄 수 있습니다.

아이와의 긴 대화는 날마다 있는 일도 아니니까 기회가 왔을 때 부모가 계속 북돋아 줍니다.

● 1월 2일(52개월)

얼른 어른이 되고 싶어하는 민성이

오늘도 잠자리에서 민성이와 많은 이야기를 나누었다.

"민성이는 빨리 어른이 되고 싶어?"

"응."

"왜? 어른 되면 뭐가 하고 싶은데?"

"응. 왜 어른이 되고 싶냐면, 어른 되면 커피도 마실 수 있잖아? 어른 되면 커피 마실 거야."

"커피 마시려고 어른이 되고 싶구나. 또?"

"할머니가 하는 재봉틀도 하구."

"아, 재봉틀이 하고 싶고... 하하하 재미있다. 또?"

"글씨도 잘 쓰고, 공부도 잘하고."

"응, 글씨도 잘 쓰고 공부도 잘하고! 와, 멋지다!"

너는 쉬지 않고 어른이 되고 싶은 이유를 말했지. 아빠 책도 읽고, 1, 2, 3, 4 도 잘하고, 편지도 쓰고, 전화도 걸고, 할머니 약도 먹을 수 있고...

"할머니 약? 아, 날마다 할머니가 드시는 약? 그걸 먹고 싶은 거야?"

할머니 약이 먹고 싶어서 어른이 되고 싶구나. 할머니는 성인병으로 한 달에 한 번 병원에 가서 약을 가져오신단다. 오랫동안 약을 먹는 것이 얼마나 힘든지 너는 모르지. 그렇지만 얼마나 티 없는 네 마음이냐! 해보고 싶고 먹고 싶은 것이 어디 재봉틀과 약뿐이랴. 어른들의 세계는 다 해보고 싶겠지. 그래서 흉내를 내다보면 다치기도 하고, 일도 저지르고, 잘못도 하고... 그러면 어른들은 야단을 치고...오늘 할아버지는 네가 무엇을 생각하는지 그 비밀을 안 것 같다. 어른들이 하는 일상의 일을 부러워하니까 작은 일이라도 네가 많은 경험을 하도록 도와야 한다는 것을 알았지.

자려고 불을 끈 후 네 귀에다 대고 '잘 자요.' 했더니 너도 작은 소리로 '네에. 할아버지두 잘자요.' 하고 대답했어. 그리고 몇 번 몸을 뒤척이더니 숨소리를 깊게 내며 이내 잠속으로 빠져 들어가더구나.

할아버지가 어른이 되고 싶은 이유를 자꾸 묻습니다. 할아버지가 그렇게 아이의 말에 흥미를 보이는 게 대화를 성공시킨 요인이기도 합니다.

할아버지는 아이가 어른들의 무엇을 부러워하는지를 새삼 알게 되었습니다. 아이가 관심 없는 일인 줄 알았는데 알고 보니 그게 아니었으니까요. 그 후로는 일상에서 더 많은 것을 보이고, 느끼고, 알게 하려고 했지요.

그리고 평소 자질구레한 집안 일, 방 정리나, 신 정리하기, 걸레질하기, 책장 정리하기 등을 함께 하기도 했습니다. 집안일이나 심부름 따위는 가족의 구성원이라는 인식을 갖게 하고, 어른의 세계에 함께 함으로써 생활의 안목을 넓혀줄 수 있습니다.

● 5월 9일(69개월)

"맞았다, 딩동댕!"

어제는 네가 할아버지를 발로 차는 시늉을 했다가 엄마에게 꾸지람을 들었지. 엄마는 네가 잘못할 때면 방에 데리고 들어가서 타이르곤 하는데(정말로 엄마는 이제껏 회초리 한 번 안 들고, 이 녀석 소리 한 번 하지 않았단다. 정말 엄마는 존경스럽단다.)오늘도 큰 소리 내지 않았는데도 네가 눈물을 흘리며 나오더라.

"민성아. 이 세상에서 너를 가장 사랑하는 사람이 누군지 알아?"

할아버지 방으로 데리고 들어가 물었지.

"할아버지요."

잠시 머뭇하다가 대답하더라.

"그렇게 생각해? 그러나 할아버지보다 엄청 너를 생각하고 사랑하는 분이 있는데?"

"……"

"힌트를 줄까? 너를 뱃속에서 고이고이 길러서 이 세상에 태어나게 한 사람!"

"엄마?"

"맞았다. 딩동댕!"

"……"

"민성아. 다른 사람들은 네가 태어나서부터 사랑했지만 엄마는 네가 태어나기 전에 뱃속의 젖을 먹이면서 너를 정성껏 키웠어. 네가 뱃속에 있는 동안 엄마가 얼마나 힘들었는데."

너는 조용히 듣고만 있더라.

"그러면 퀴즈를 다시 내 볼까? 이 세상에서 민성이를 제일 사랑하는 사람은 누굴까용?"

"엄마."

"아이고. 우리 민성이 장하다. 엄마가 너를 제일 많이 사랑하는 사람이란 걸 아네. 자, 그러면 엄마는 민성이를 사랑하지 않아서 오늘 야단을 쳤을까, 아니면 사랑하는 아들이 잘 못한 것을 고치라고 야단을 쳤을까?"

"잘못하니까 고치라고요."

"옳지! 딩동댕!"

할아버지가 너를 담뿍 안았더니 머리를 할아버지 가슴에 묻더라. 그리고 살짝 말했어.

"나 이제 할아버지한테 발로 안 찰게요."

오냐, 오냐. 그래야 한다. 네가 진짜 발로 차면 할아버지가 아프잖아. 그리고 엄마한테 또 혼날 텐데? 하하.

민성아. 엄마는 평소 너에 대한 사랑을 요거다 하고 가볍게 보이지 않더라. 그러나 네가 힘들고 어려우면 얼른 그것을 풀어내서 감싸주지. 네가 좀 더 크면 엄마를 많이 사랑하고 존경하게 될 거야.

엄마와 아이의 갈등을 할아버지가 대화로 조절해 주고, 아이의 마음을 다독여서 엄마의 사랑을 알게 했습니다.

만일 할아버지가 엄마에 앞서 아이에게 야단을 쳤다면 부모가 할아버지 역할을 대신했겠지요. 이와 관련된 이야기는 아닙니다만 혹시, 부모가 아이에게 주의나 꾸중을 주었을 때 아이가 울고 나온다면 부모의 방법이 어딘가는 좀 서툴지요.

아이가 눈물을 흘리지 않고 가벼운 마음으로 나오게 해야 고수 부모입니다. 꾸중할 일이 있으면 꾸중을 하되, 우선 아이가 꾸중을 들을 만하다고 생각해야 하고, 꾸중을 들을 때는 눈물을 보이게 해도 꾸중이 끝난 다음에는 아이의 그 어두운 마음을 풀어줄 수 있어야 합니다. 꾸중 받는 태도가 좋을 경우는 그것이 진실하다는 의미이므로 반드시 칭찬을 해 주어서 잘못 자체보다 잘못을 받아들이는 태도가 중요함을 알게 합니다.

마지막 스킨십을 하면서 귓속말로 부모가 얼마나 사랑하는지 진심을 전합니다. 그러면 아이는 눈물이 들어가고 부모에게 미안한 마음과 함께 그런 잘못을 저지르지 말자는 생각을 하면서 가벼운 마음이 됩니다.

대화는 말로서 아이의 마음을 사로잡을 수도, 감동시킬 수도, 웃고 울릴 수도 있습니다. 지식이나 정보를 줄 수도, 부정적 감정이나 괴로움을 느끼게 할 수도 있고 감동시키거나 사랑을 느끼게 할 수도 있습니다.

이런 마법 같은 대화가 아이를 변화시키기 때문에 부모로서는 대화 우선이라는 기본 마음을 갖추고 있어야 육아에서 유리합니다. 대화라는 기본 마음이 자리 잡으면 화를 잘 내지 않게 되지요.

그렇다고 일방적 설득이나 잔소리는 아이를 변화시키에 좋은 무기가 아닙니다. 아이가 공감하기 전에 부정적 마음이 앞서게 되어 부모의 입만 아프게 될 가능성이 크지요.

🥄 5월 22일(69개월)

> "와! 멋있다!"

우리가 놀러간 구곡폭포는 예상보다 장관이었단다. 폭포를 보는 순간 우리는 동시에 감탄했지.

"와! 멋있다!"

높이가 50-60 미터 되었고, 물줄기는 맨 꼭대기의 U자 모양으로 패인 바위 사이에서 쏟아져 내리더라. 마치 하늘에서 내려오는 것 같았어. 우리는 그 장엄한 폭포에 한참 정신을 팔고 있었지. 폭포 아래의 바위는 수많은 발길로 반들반들 닳아 있었고, 사람들이 미끄러져 넘어지기도 했단다. 너도 할아버지 손을 잡았는데도 두 번이나 넘어졌어. 그럴 때마다 너는 '아유!' 하고 소리 질렀지.

저녁 식탁에서 가족들에게 폭포를 본 감동스런 장면을 이야기하고 싶었지만 잘 안 되어서 애를 먹더라. 나중에는 ".아, 그거 그냥 그래요.' 하고 얼버무려서 모두 웃었지.

"민성아. 할아버지가 네 대신 설명을 좀 해 볼까?"

"네."

"오늘 구곡폭포에 갔어요. 산에서 오래 걸으니까 다리가 아팠어요. 그런데 정말 폭포가 나타났어요. 와. 멋지다! 할아버지하고 내가 함께 소리쳤어요. 폭포 들이 하늘에서 쏟아지고 있었어요. 소리도 탱크 지나가는 소리처럼 컸어요. 구곡폭포는 그렇게 멋졌어요."

너는 할아버지 잎만 바라보았지. 네 기억과 맞는지를 비교해 보는 것 같더라. 할아버지가 너한테 물었어.

"민성아. 할아버지가 무언가 빠뜨린 말이 있는 것 같은데?"

"응, 그거...미끄러져서 넘어지는 거요."

"옳지. 그 말이 빠졌네. 그럼 그건 네가 말해 볼까?"

너는 주저 없이 말했지.

"바위가 미끄러워서 넘어졌지만 일어섰어요."

우리는 박수를 쳐서 너를 으쓱하게 해주었단다. 하하. 어디든 너와 함께 다니면 즐거움이 이렇게 크구나!

대화는 서로가 자신을 표현하는 방법입니다. 손자는 아직 말이나 표현이 서툴러서 자신이 받은 감동을 여실히 말하지 못했습니다. 대화는 학습이 아니지만 어떤 경우에는 아이에게 학습의 성격으로 대화를 할 필요도 있지요.

이 일기에서 할아버지가 폭포에 간 느낌을 대신 말해줌으로써 아이의 표현에 도움이 되게 했고, 일부를 아이가 말하게 해서 아이에게 자신감을 넣어주고 있습니다.

대화는 아이의 자신감, 자존감, 참여 의식에 도움을 주고, 특히 가족 간의 대화는 자유스러운 분위기이기 때문에 부담이 없으면서 즐거움과 친근감을 마음껏 나타낼 수 있습니다.

🖊 2월 15일(수)

"울었어? 와, 어렵다. 왜 울었지?"

요즈음에 네 몸이 점점 살이 붙는 것 같아 인조 잔디가 깔린 아파트

앞마당에서 날마다 걷기를 한단다. 오늘은 운동장을 스무 바퀴나 돌았지. 걸으면서 우리는 재미나 퀴즈 놀이를 했어.

"민성아. 두 사람이 길을 가다가 그 중 한 사람이 갑자기 오던 길로 도로 뛰어 가는 거야. 왜 그랬을까?"

우스운 퀴즈니까 자신이 답을 만드는 건데, 너는 정답이 무엇일까만 생각하더라. 한동안 대답이 안 나오기에 할아버지가 답을 했지.

"화장실에 가고 싶어서 그랬지롱."

너는 그제야 퀴즈 놀이의 목적을 알아챘지.

"그런 게 어디 있어요. 이제 내가 낼게요!"

"그래. 네가 내 봐."

"둘이 가다가 한 사람이 울었어요. 왜 그랬게요?""울었어? 와, 어렵다. 왜 울었지?"

너는 참지 못하고 답을 말해주더라.

"답 말할 게요. 그 운 사람이 울보에요. 하하하하."

자신이 문제를 내고 자신이 답을 하고는 크게 웃었지.

"이번에는 할아버지 차례야. 어느 사람이 산속을 가는데 호랑이가 나타났어. 그런데 그 사람은 무서워하지도 않고 호랑이에게 큰 소리로 겁을 주며 말했대. 뭐라 했는지 맞춰 봐."

"응 ... 나도 힘이 세다!"

"아냐."

"나 잡아먹지 마!"

"그것도 아냐."

"그럼 할아버지가 말해."

"나한테 덤비면 우리 엄마한테 가서 이를 거야! 그랬대."

너는 웃지 않고 네가 낼 차례에 집중하더라.

"야, 이번에는 내가 또 낼 거야. 두 사람이 길을 걷다가 한 사람이 주저 않아서 마구 웃었대. 왜 그랬을까?"

"이번에는 정말 어려운데...아, 알았다! 주저 않은 사람이 다리가 아파서 그랬고, 웃은 것은 똥꼬가 갑자기 간지러워서 웃었지."

나는 네가 웃을 것을 예상했지만 역시 웃지는 않고 큰 소리로 답을 말했지.

"땡! 틀렸어요. 주저앉은 건 가기가 싫어서 그런 거구요. 웃은 것은 배꼽이 빠지라고 웃었어요. 하하하."

너는 할아버지보다 더 멋진 문제와 멋진 답을 만들어 내더라.

"이번엔 내 차례다. 어떤 사람이 책을 읽다가 갑자기 깔깔대며 웃는 거야. 그러더니 이번에는 슬프게 울었어. 아, 좀 있다가는 일어서서 춤을 추는 거야. 이게 어찌된 일이지?"

"나 알아요. 그 사람이 미쳤어요."

"하하하. 아니. 멀쩡한 사람이야."

"아 알아요. 웃은 건 책이 재미있어서 그랬고, 울은 건 책이 슬퍼서 그랬고 ,춤을 춘 것은 다 읽어서 좋아서요."

"오, 정말 그럴 듯하구나. 맞다, 딩동댕!"

할아버지 답은 그게 아니었지만 네가 한 말을 정답으로 했지. 아무러면 어떠냐. 네가 답을 찾으려고 궁리하는 것 자체가 답인 걸!

하하. 이렇게 서로 주거니 받거니 하다 보니 어느 틈에 스무 바퀴를 돌았지 뭐냐!

넌센스 퀴즈를 통해서 손자의 두뇌 회전을 도우려 하고 있습니다. 대화는 아이 머리를 좋게도 하고 나쁘게도 할 수 있습니다.

'예' 나 '아니오'로 답이 나오게 묻는 말은 생각이나 두뇌 회전을 돕기 힘들고, 명령이나 지시하는 말도 생각을 만들어 내기 힘듭니다. 부모는 길을 가거나 차를 탔을 때, 마트나 장난감 가게 또는 식당이나 시장에 갈 때, 차를 타고 어디로 이동할 때, 그 장소나 상황에 어울리거나 연관되는 내용을 가지고 대화를 하거나 물어보면 아이의 생각이 확장되고, 사물에 대한 이해가 넓어져서 결국 두뇌가 발전합니다.

일상에서 대화를 잘 하는 아이는 표정이 밝고, 잘 웃고, 큰 소리로, 당당하게, 자연스럽고 솔직하게 자신을 표현합니다,

실수나 잘못이 있을 때도 정직한 태도로 인정하면 심리적으로 건강하기 때문에 자신감이나 자존감을 잃지 않습니다.

지금까지 부모의 기본 마음 중에서 '대화하기'를 가장 길게 말씀드렸습니다. 그만큼 중요하다고 판단하기 때문입니다. 아무쪼록 부모가 아이와 대화를 나눌 때에는 아이 말을 지나쳐 듣거나 소홀히 함이 없이 이때가 바로 아이가 성장하는 기회라는 걸 잊지 않으셨으면 합니다.

열 번째 편지_ 기본 마음 4.
호기심의 산실 '밀어주기'

> 만일 기다려야 할 아이를 억지로 끌어서 어떤 모습으로
> 만들려고 욕심을 내서, 싫어하는 아이를 다그치거나 압
> 박을 하면 아이는 스트레스에 시달려서 온전한 모습으
> 로 성장하기가 힘듭니다.

부모가 아이를 기르는 데는 두 가지 길이 있습니다. 한 가지는 부모
가 아이 미래에 깊숙이 개입하면서 앞에서 이끌어 주는 방법이고, 하나
는 부모가 아이 뒤를 따르며 뒤에 숨어서 밀어주는 방법입니다.

전자는 부모가 이끌고 가는 방법이 아이에게 도움이 됨을 믿고, 아이
의 행동을 효과적으로 통제해서 능률을 올리는 방법이며, 후자는 자율
성과 선택을 존중해 주면서 아이의 삶은 아이에게 돌려준다는 기본 철
학에 바탕을 두는 방법입니다. 아이의 장기적 미래로 볼 때 앞에서 끌어
주기와 뒤에서 밀어주기는 어떤 것이 더 바람직할까요?

간략히 말씀 드리면 부모가 끌어주는 방법은 부모가 미리미리 아이가 해야 할 과업을 그때그때 해 나가게 할 수 있기 때문에 능률적이고, 다른 아이에게 뒤처지지 않도록 독려할 수도 있다는 것입니다. 물론 받아들이는 개인차가 있지만 대게는 그렇습니다.

　그러나 아이가 해야 할 일을 부모가 주도적으로 해주면 아이는 자신의 욕구에 의해서 하는 일이 아니기 때문에 흥미와 관심이 살아나지 않게 됩니다.

　아이의 흥미는 아이가 하고 싶은 일을 하는 추진력과 같은데 엄마가 다 알아서 해 주면 흥미나 호기심이 사라져서 추진력 자체가 살아나지 않지요. 따라서 아이의 잠재 능력을 저하시킬 수 있고, 짜여 진 생활로 인하여 마음껏 뛰놀지 못하는 욕구 불만 때문에 자칫 심리 상태가 건강하지 못하게 될 수도 있습니다.

　더 중요한 것은 부모가 시키는 대로만 하던 수동적인 조건에 적응하다 보니 어떤 일에 부딪쳤을 때 자신감은 물론 문제 해결에 대한 적극성이 낮고, 성취동기나 창의력 면에서도 미약할 수가 있습니다. 다음은 잡아끄는 교육의 문제점을 픽션의 자료로 삼아 단적으로 표현해 보고자 합니다.

　아이들이 부모의 손을 잡고 고속도로로 가득 몰려 나와서 저마다 똑같은 목적지를 향해서 뛰어간다. 수없이 많은 부모와 아이가 선두 그룹에 들어가려고 달리지만 막상 선두 그룹은 몇 명 되지 않는다. 개중에는 힘에 겨워 넘어지는 아이도 있지만 부모는 신기루처럼 보이는 목적지를 앞에 두고 조금만 힘내라고 외치면서 아이를 끌고 가다시피 하는 장면도 눈에 띈다. 이런 부모들의 성공 전략은 무엇일까?

아이가 밤잠도 줄이면서 이를 물고 달리게 하는 것이겠지. 그런 고생 끝에 다행히 선두 그룹에 들어서 종착지에 골인 한 아이도 눈에 띈다.

부모는 눈물까지 흘리며 기뻐하고 아이는 그런 엄마를 바라본다. 그때 기자가 찾아와서 아이에게 인터뷰를 요청했다.

"골인에 성공한 기분이 어떤가요?"

"기뻐요."

"달리면서 경치가 아름답고 노래 소리도 들리는 구간이 많았는데 어느 구간이 제일 마음에 들었나요?"

"예? 경치도 노래 소리도 몰랐는데요."

"아, 다시는 못 볼 텐데 아깝군요. 그럼 달리면서 무슨 생각을 했나요?""힘들어서 달리는 게 너무 싫다는 생각요."

"잠깐 있는 휴식시간은 어떻게 보냈나요?"

"당근, 스마트 폰 게임했죠. 부모님이 조금만 해라 하면서 내버려 두셨어요"

"이제 목표를 달성했으니 무엇이 하고 싶은가요?"

"잘 모르겠어요. 부모님이 뭐 하라고 하실 거예요."

너무 극단적인 상상일까? 그러나 지금 이렇게 돌아가는 세상임을 부인하지는 못할 것입니다. 아이들 서로가 서로를 힘들게 하는 세상이기도 합니다.

저는 이 허구의 글을 쓰면서도 정말로 이런 일은 없어야 한다는 생각을 몇 번이고 했지요. 아이의 인생이 망가질 수 있기 때문이랍니다.

반면 이렇게 잡아끌지 않고 뒤에서 밀어주는 육아나 교육의 경우는 애초부터 부모가 아이 일에 시시콜콜 간섭하지 않았기 때문에 아이가 커가면서도 선택에서 자유로울 뿐 아니라, 사물에 대한 호기심과 흥미를 유지할 수 있고, 아이로서의 문제 해결 능력도 높아집니다.

다만 아이에 따라 자유롭게 선택하면서도 그 선택을 실천하는 행동이 좀 느린 아이도 있지요. 특히 좌뇌 아이가 그렇습니다. 이런 아이는 재촉하기보다 지켜보는 게 필요합니다. 때가 되면 아이가 나설 테니까요.

나중에 아이는 부모가 지켜 봐 주었음을 알면 감사하게 생각합니다. 기다려준 아이는 절대 부모를 배신하거나 실망시키지 않지요. 기다려주는 과정에서 만일 아이가 혼자 힘으로 해결하지 못할 일이 생기면 '한 걸음 앞에서, 한 걸음 뒤에서'라는 구호를 기억하는 것이 좋습니다.

아이 힘으로 정 안되는 부분은 부모가 귀띔을 해 주거나 도와서 잠간 터주고, 그런 다음에는 다시 아이 뒤에서 지켜봅니다. 부모가 개입하는 것은 아이가 자신감이나 호기심을 잃지 않게 하기 위함이기 때문에 부모는 도와 준 것을 티내기보다 문제 해결의 공을 아이에게 돌리고, 칭찬을 아끼지 않는 게 좋습니다.

아이를 휘어잡으며 간섭이나 잔소리 하는 부모, 혹은 필요이상의 선행학습을 시키면서 아이 발달에 욕심을 내는 부모는 자신의 모습을 알아달라고 보내는 아이의 신호에 대해서 무심하거나 그를 무시하게 됩니다.

그것은 식물의 갓 나온 싱싱한 떡잎을 햇볕이 없는 암실에 두고 물만 주는 격이라 결국 시들어 버리지요. 그러나 부모의 존중을 받으며 자란 아이는 건강한 자아개념을 갖게 되고, 세상과 삶이 좋다는 긍정적인 마음을 키워나갑니다.

그런 아이가 크면 억지로 자신을 세상에 짜 맞추며 사는 게 아니라, 자신이 그리는 즐겁고 유익한 세상으로 만들며 살아가는 주체적 인간이 되지요.

특히 덧붙일 말씀은 아이는 개인에 따라서 생각하고 터득하고 행동하는 속도가 다르다는 것입니다. 더구나 직관력이 빠른 오른뇌 성향의 아이보다 절차나 순서에 따라 생각하는 버릇을 가진 왼쪽뇌 성향의 아이는 매사 느려서 부모의 속을 태웁니다.

부모는 저러다가 무엇이 될지 모르겠다며 걱정이 태산 같지만 아이는 그러려니 하지요. 성향이 그런 아이는 자신도 어쩔 수가 없으니까요. 그럴 때 부모는 언젠가는 아이가 숙성기간이 지나면 제 모습 대로 피어나리라 믿으면서 답답한 마음을 누그러뜨릴 수밖에 없지요.

만일 기다려야 할 아이를 억지로 끌어서 어떤 모습으로 만들려고 욕심을 내서, 싫어하는 아이를 다그치거나 압박을 하면 아이는 스트레스에 시달려서 온전한 모습으로 성장하기가 힘듭니다.

자신감과 흥미를 잃을 뿐 아니라 부모에 대해서는 자기를 사랑하기보다 화를 내고 야단을 치면서 힘든 것을 요구하는 존재로 인식할 수 있습니다.

그렇게 되면 아이는 부모에 대해서 심리적 파탄을 일으키게 되지요. 아울러 인생은 밝고 즐거운 게 아니고, 재미없고 어두운 존재라고 인식할 수도 있습니다.

혹시나 아이는 좌뇌형이고 부모가 우뇌형인 경우에는 최악의 조합이기 때문에 부모는 부모대로 아이는 아이대로 힘듭니다. 그러나 어쩔 수 없는 일이니까 자식 농사를 잘 지으려면 아이가 알 속에서 부화해서 날개를 다는 그때까지 부모 쪽에서 기다려 주는 현명함이 있어야 합니다.

아이는 기다려 주는 부모를 결코 실망시키지 않는답니다. 언젠가는 아이에게 때가 왔음을 알게 되면 아이가 느려도 제 갈 길을 가고 있었다는 사실을 부모는 비로소 인정하게 되지요. 그때서야 부모는 기다려 주지 않고 아이를 힘들게 했던 자신의 모습이 눈에 밟히면서 미안함과 죄책감이 느껴지기도 합니다.

저는 지금까지 부모의 기본 마음에 대해서 말씀을 드렸습니다. 아이를 자유롭게 키우기, 부모가 화내지 않기, 대화하기, 아이를 밀어주기 등이었습니다.

부모가 아이를 세상에 억지로 맞추어 기르려고 하는 것은 아이가 갈 길이 아닐 수 있다는 말씀을 드렸습니다. 기본 마음은 부모의 육아 철학이 담긴 원칙이며, 그 원칙은 일상에서 실현되어야 하므로 부모의 내면화가 필요합니다.

또한 기본 마음이 있는 부모와 없는 부모와의 차이는 아이가 중,고등학교에 진학할 무렵에는 확실해 집니다. 기본 마음이 있는 부모는 매사 판단이 확실하고 아이에게 방향을 조언하는 것도 일관됩니다. 그것은 육아에 대한 철학이기도 합니다.

그러나 반드시 제가 드린 말씀드린 그대로 기본 마음을 정할 필요는 없습니다. 아이를 위한 부모의 다른 신념이 있다면 그렇게 결정할 수도 있으니까요.

그리고 혹시 기본 마음이 유야무야 되고, 잊지 않기 위해서는 그 마음이 자리 잡힐 때까지 벽에 써 붙여 놓는 방법도 좋습니다. 저도 손자를 키울 때 벽에 명심할 사항을 붙여 놓고, (예; '손자에게 최선을 다하자') 눈만 뜨면 그 말이 먼저 떠오르도록 노력했답니다. 자식을 위해서라면 목숨도 내 놓는 부모들이 무엇이 부끄럽고, 무엇이 힘들겠습니까? 모두 마음먹기 탓입니다.

손자가 만든 기적

제 손자의 경우는 어려서부터 아이 중심으로 길렀기 때문에 자연스럽게 밀어주는 교육을 했습니다. 일단 아이가 관심을 갖고 흥미 있어 하면 결과야 어떻든 그것을 지지하고 도와주었습니다. 그래서 아이는 무슨 일을 하든지 그것은 자신의 일이기 때문에 누구 눈치를 보거나 주저하는 일이 없었고요. 그러나 아이가 싫어해도 해야 할 일, 특히 초등학교 입학 전에는 그 때에 할 공부가 있었습니다. 한국적 현실에서 학령기 이전에 해두어야 할 일을 하지 않을 경우, 아이의 학교생활에 커다란 지장이 된다는 것을 부모들은 모두 알고 있답니다. 평소 저는 아이가 힘들지 않나 해서 아이에 앞서서 사정을 읽으려고 노력했지만, 저도 할 수 없는 할아버지였는지 어떤 때는 아이와의 소통을 소홀히 해서 그냥 지나칠 때도 있었습니다. 다음은 아이가 다섯 살 때의 육아일기인데 읽을 때마다 마음이 짠하게 느껴지는 내용입니다.

🥄12월 31일(다섯 살)

지난 일 년

이제 내일이면 민성이가 만 다섯 살이 되는구나. 만으로는 4년 4개월이야. 지난 일 년 동안 생각하는 것, 노는 것, 말하는 것, 공부하는 것들이 얼마나 많이 발전 했는지 모른단다. 작년에 너는 얼른 어른이 되었으면 좋겠다고 했지. 그 이유는 커피도 마시고, 할머니처럼 약도 먹고, 글씨도 잘 쓰고, 재봉틀도 하고 싶어서 그런다고 했어. 그 말도 이제 추억으로 남겠구나.

지난 일 년 간 너는 많은 발전을 했단다. 한글은 물론 숫자는 1부터

100까지 쓸 줄 알고, 알파벳도 대소문자별로 구분해서 쓰지. 간단하지만 원어민과 대화도 하고, 발음도 원어민에 가깝게 낼 줄 안단다. 덧셈이나 뺄셈은 두 자리 수까지 아주 쉽게 하고. 책 속의 인물이나 이야기에서, 심지어는 음악이 표현하는 느낌까지 공감한단다. 그래서 주인공과 하나가 되기도 하지. 피터와 이리라는 관현악 곡을 들을 때 너는 총소리가 나고, 이리인 바순이 음침하게 울릴 때 할아버지 품에 숨기라도 하듯 엎드렸잖아. 교육은 참으로 위대한 것임을 새삼 느끼는구나!

오늘은 잘 때 갑자기 몸을 뒤척이면서 바닥에 엎드리더니 작은 소리로 말하더라.

"할아버지, 나 무슨 할 말 있는데?"

"그래? 무슨 말인데?"

할아버지도 얼른 엎드리며 머리를 바닥에 대고 물었지.

"나 밤에 숫자 쓰는 거 하기 싫은데?"

아이고. 우리 민성이가 하기 싫은 걸 억지로 했구나.

"아, 그래? 그럼 하지 말자. 아무 때나 네가 써보고 싶을 때만 해도 돼. 응?"

너는 그 말 한 마디에 밝은 얼굴이 되더니 웃음을 머금더라. 할아버지가 예쁘다는 듯 바라보면서. 하하. 그 순간 할아버지는 마음먹었지. 앞으로 우리 민성이가 어떤 부탁을 하던 그것을 들어주리라. 그게 할아버지가 할 노릇이란 생각이 들었단다. 그런데 왜 매일 매일 이런 한 마디를 못 해 주는 걸까? 왜 네가 말하기 한 발 앞서서 그런 기쁨을 먼저 선물하지 못하는 걸까? 할아버지는 네가 할 일을 최소한으로 요구한다고 믿지만, 그것이 네게는 최대의 요구가 된다는 것을 오늘 또 깨닫는구나.

(생략)

솔직히 이런 시행착오를 겪으면서 하루하루를 보낸 것이 손자가 초등학교를 졸업할 때까지였습니다. 4학년 때 피다고라스 정리를 자기 나름의 새로운 도형으로 만들어서 네이버에 올리는 것을 보고 저는 이제 손자가 제 궤도에 들어서는 것이 아닌가 하는 생각을 했답니다. 알고보니 그게 그리 대단한 일은 아니었습니다.

중학교에 들어가고부터는 몸과 더불어 생각도 커지기 때문에 아이가 원하고 생각하는 것은 거의 백퍼센트 아이 말을 따르게 되었지요. 중학교 때에는 자기 취미 생활로 여러 가지를 했지만 그 중에서 컴퓨터를 갖고 하는 것은 봐도 무엇을 하는 건지 모르겠고, 아이가 설명을 해도 무슨 말인지 알아듣기 힘들었는데 나중에 알고 보니 그것은 수학과 컴퓨터가 주가 되는 암호학과 관련되는 여러 가지 풀이였습니다.

고등학교에 들어가면서도 컴퓨터를 사용해서 암호학에 대한 취미는 변함이 없었는지, 2학년 때는 전국 중고등 학교 학생 연구 발표대회에도 암호학을 갖고 참가했습니다.

그러나 그것은 학교에서 하는 공부와는 상관없었지요. 핑크 프로이 드라는 락 음악 뮤지션을 좋아해서 그에 관한 논문을 쓰는가 하면, 영화 감상은 적어도 주당 한 편 이상은 반드시 했고. 태블릿피시에는 근 백여 편의 영화가 저장되어 있습니다.

서울서 세계 수학자 대회가 열리자 3일간 현장 학습 말미를 얻어서 홀로 그 대회에 참석하면서 수학자교수를 꿈꾸는가 하면, 고 3때는 수능 준비 시간도 빡빡한데 교내 학술 발표회에는 며칠 밤을 새워서라도 반드시 참여했습니다. 그런 일은 대학 입학 후에도 계속되고 있습니다.

대학입학은 자신이 선택했는데 연구기관을 겸한 학교이고, 장학 혜택이 좋은 국립학교라서 가족들은 수능이 최상위권에 위치하지 않으면 낙타가 바늘구멍으로 들어가는 격이라는 말까지 하면서 불합격을 기정 사실로 봤지요. 비율도 수십 대 일이었습니다.

공부하는 버릇은 책상 앞에 앉으면 몰입하고 집중하지만 책상을 떠나면 자신이 좋아하는 일에 정신을 둡니다. 합격 발표가 나자 아이는 오히려 담담했지만 가족들은 큰 소리로 기뻐했고 축하했습니다. 기적처럼 생각되었지요. 어쨌거나 자소서나 면접에서 높은 점수를 받은 것이 틀림없는데, 아이에게 물으면 '저는 그냥 제가 하고 싶은 일, 제가 그것을 위해서 이 학교에 지원했다고 솔직하게 썼을 뿐에요.' 했습니다. 내심 손자가 흥미를 버리지 못하는 그 암호학에 관한 것이 교수들의 시선을 잡지 않았나 하는 생각입니다.

대학에 동아리에서는 영화감독을 맡아 한동안은 시험도 아랑곳하지 않고 그것에 몰입하기도 했지요. 카메라로 예술 사진 찍는 것을 좋아해서 주말이면 전국을 다니면서 사진을 찍기도 합니다. 그런가 하면 시각장애인을 위한 컴퓨터 점자책을 마들기도 하고, 하여튼 못 말리는 아이가 되었지요. 그러나 저나 제 부모는 한 번도 아이에게 야단을 치거나 그런 행동을 꺾으려고 한 적이 없습니다. 네 인생이니까 네가 책임져라 하는 태도를 견지하고 있으니까 아이는 매사 책임감 있게 알아서 결정하고 행동합니다.

혹시나 제 손자에 대해서 궁금하신 분들이 있을까 보아 조금 자세히 말씀을 드렸습니다. 손자를 생각하면 아이의 독특한 점 때문에 슬그머니 웃음이 나오곤 한답니다. 어떻든 저는 아직 갓난아기였던 그 때 손자를 품에 안으면서 '건강하게 무럭무럭 자라서 행복하게 살아라.' 하는 초심을 잃지 않고 아이를 지원하고 있습니다. 한 가지 욕심이 생겼다면 이왕 하는 일 집안을 빛내고, 나라에 도움이 되는 일이면 좋겠다는 것입니다.

열한 번째 편지

집안의 주인공이 사회의 주인공으로

만 두세 살 때에는 두 가지 정도로 양자택일을, 너 댓 살 이후부터는 서너 가지 정도 제시하고, 대여섯 살 이후라면 여러 가지 중에서 선택하도록 해서 선택 능력을 높여줍니다.

일상에서 아이가 주인공이 되게 한다는 말은 부모로부터 존중받으며 자존감과 자신감 그리고 정체성을 키우고 즐거운 일상에서 자라게 한다는 뜻입니다.

집에서 주인공이었던 아이는 나가서도 주인공이 될 수 있지만, 집에서 주눅 들며 자란 아이는 나가서도 자신을 드러내기 어렵습니다.

때문에 부모는 아이가 일상의 삶이 만족하도록 늘 배려해 해줍니다. 그러나 아이를 주인공이 되게 한다고 집안의 왕으로 받들어서 버릇없이 키운다는 말은 아닙니다.

예의나 절제를 가르치는 일과 자신이 주인공이라고 느끼게 하는 일은 별개의 문제입니다. 아이가 일상에서 주인공이 되면 세상은 자신을 위해서 존재한다고 믿게 되고, 미래를 만들어 가는 데에 긍정적 효과를 줍니다.

아이가 주인공이 되기 위해서는 어쨌거나 아이가 현재 행복해야 합니다, 아이의 그 행복감은 자존감과 자신감 그리고 호기심과 흥미로 채워지지요.

밝게 웃는 얼굴, 발랄한 몸짓, 명랑한 목소리, 당당한 태도, 두려움 없는 욕구 표현 등등 이렇게 구김살이 없는 모습을 나타내면 행복한 아이입니다.

하지만 유아기 아이는 현재시제의 존재이기 때문에 현재 외에는 사고할 능력이 없습니다. 미래도 과거도 없고 오직 오감에 의하여 현재를 느끼고 현재를 알 뿐입니다.

지금 괴로우면 울고, 지금 즐거우면 웃고, 친구와 싸우고서도 금방 화해합니다. 이런 아이를 매일매일 행복한 주인공으로 이끌어 가는 것은 쉬운 일이 아닙니다. 아이가 거부감, 실망. 짜증, 화냄을 나타낼 때에는 더욱 난감하게 되지요.

아동기의 경험은 잠재의식으로 남아 성인이 되어서도 사라지지 않습니다. 학대를 받았다든가 불행한 성장기를 거쳤다면 그것이 트라우마로 남게 되듯, 행복하게 자란 경험도 역시 사라지지 않고 무의식 가운데 깊이 자리하게 됩니다.

그것은 무의식 남아 있으면서 성인 이후의 삶에도 긍정적 영향을 미칩니다. 아이의 일생을 생각하는 부모 로서는 중요한 일이 아닐 수 없지요. 여기서 아이가 주인공이 되게 한다는 것이 온 세상의 주인공이 되는 욕심을 갖는다는 말이 아닙니다.

아이가 지금 있는 시간과 공간 가운데서의 주인공이란 말이 더 맞는 말입니다. 물론 세계의 주인공도 작은 주인공에서 출발하겠지만, 아이 로서는 미래가 의미 있는 게 아니고 현재에서 행복을 느끼는 일이 더 중요합니다.

하기는 요즈음 부모들은 아이 생활이나 교육에 대한 관심이 예민하기 때문에 온갖 육아 방법으로 아이를 주인공으로 만들기도 하지요. 그러나 부모가 좀 더 적극적이고 의도적으로 주인공이 되게 해 주어야 아이가 질 좋은 행복을 느끼면서 내면화하는데 유리합니다. 이번 편지에서는 그를 위한 몇 가지 조언을 드리려 합니다.

I. 끊임없이 의견을 물어라

아이를 주인공으로 만들기 위해서는 부모는 아이에게 의견을 물어보는 습관을 들여야 합니다. 아이가 말뜻을 잘 알아듣고 못 듣고는 상관없이 '~할까?, ~먹을까?, ~좋아?, ~ 그럴까?, ~하고 싶어?, ~줄까?, 갖고 싶어? ' 등등의 의문문으로 물어 보면서 아이를 존중해 줍니다, 아이를 존중해 주는 의미도 있지만, 아이가 그 일을 결정하고 선택

할 주체임을 알아 가게 하는 것이 목적입니다.

부모가 아이의 뜻을 존중해 주면 아이는 그 일을 결정하거나 선택하는 주인공이 자신임을 알게 되고, 장차 타인도 그렇다는 것을 알면서는 타인이 의견을 존중하는 태도를 갖게 됩니다. 만 대여섯 살만 되어도 친구의 의견을 물어보는 일은 자연스럽게 합니다.

음식을 먹을 때, 옷을 입을 때, 놀이를 할 때, 식당에서 주문을 할 때, 장난감과 책, 문구를 고를 때, 놀 장소를 정할 때, TV프로그램을 선택할 때 등등 일상에서 물어 볼 일은 가지가지입니다. 부모는 버릇처럼 묻는 말을 입데 달고 살아야 합니다.

만일 아이가 대답을 못할 경우에는 부모가 아이에게 묻는 뜻을 말해주면서 선택을 권할 수도 있을 것입니다. 혹시 어린 아이에게 선택을 하게 하는 일이 형식적이라고 생각될지 모르지만, 그것은 태교를 왜 하는가 생각해 보면 이해가 가실 것입니다.

2. 언제나 선택하게 하라

사람은 일생 동안 소소한 일에서부터 특별하고 중요한 일에 이르기까지 모든 것은 선택을 통해서 결정되고 실현되지요. 우리의 삶 자체가 선택의 연속이라고 해도 과언은 아닙니다.

선택을 헌법에서 보장하고 있는 자유민주주의 사회에서는 더욱 그렇습니다. 사람들의 선택 범위는 자질구레한 생활상의 문제부터 생애에 영향을 주는 중요한 사항에 이르기 까지 끝이 없습니다. 따라서 선택은 우리의 삶 자체이기 때문에 그 성공여부는 곧 삶의 성공여부이기도 합니다.

따라서 어려서부터 선택에 대한 훈련은 필수가 될 수밖에 없습니다. 선택에 대한 훈련을 받은 아이는 성인이 되어서도 선택 능력이 좋지만, 그런 훈련을 받지 않았다면 선택 능력이 떨어지게 되지요.

선택 사항과 조건을 파악하고 가장 합리적인 확률을 찾을 수도 있고, 목적에 따라서 선택 기준을 스스로 정할 수도 있으므로 부모는 평소 다양한 조건을 제시해서 선택을 해 보도록 합니다.

한편, 선택에 대한 훈련은 아이의 독립심과 책임감을 높여주는데 그 이유는 그 독립심이나 책임감이 선택 심리와 상통하는 기제이기 때문입니다. 예컨대 장난감 하나를 사더라고 한 번 가지고 놀다가 버리는 일이 있어서는 안 된다는 목표를 가지면 아이는 선택에 더 관심을 갖게 되는데, 그 선택을 위해서 아이가 누구에게 도움 될 일을 물었는가 아니면 단독 결정인가 등의 태도를 관찰하고, 선택 기준은 무엇일까 등을 알아도 봅니다.

하지만 부모는 너무 깊이 개입하지 않고 대강만 파악하는 역할을 해야 합니다. 자칫 아이의 선택에 영향을 주어 독립심을 저해할 우려가 있기 때문입니다.

그런데 선택을 도와준다는 것은 선택 목적을 세우고, 선택 대상에 대한 객관적인 정보와 선택 조건을 제시해 주면서 선택은 전적으로 범위

내에서 아이의 자율이라는 것을 알게 하는 것입니다. 아이의 선택 결과가 좋을 때는 칭찬을, 실수나 좋지 않은 결과일 때는 아이의 사기가 떨어지지 않게 '엄마도 실패할 때가 많았단다. 선택을 장난으로 여기지만 않으면 네가 원하는 대로 될 거야.' 하고 격려를 해 줍니다.

만일 아이가 선택도 하기 전에 부모가 알아서 해주면 아이는 점점 선택에 대해서 자신감이나 관심이 없어지고, 결과는 무능으로 이어집니다. 또한 선택을 잘못했다고 아이에게 책임을 묻거나 야단을 치면 아이는 선택에 대한 두려움이 생기고, 자아개념에도 부정적 영향을 줄 뿐 아니라, 의타심이 생겨서 부모가 알아서 해 주기만을 바라게 됩니다.

아이가 선택에 실패했다 하더라도 성공은 많은 실패를 통해서 이루어진다는 사실을 알게 하면 아이는 또 다른 기회에 대한 기대를 갖게 되지요. 덧붙이고 싶은 말씀은, 아이가 어떤 일에 실패하거나 실수했을 경우 부모는 우선 가여운 마음으로 아이를 위로하고 다독여 주어야 한다는 것입니다.

그 가여워하는 마음은 아이와 부모에게 무한한 교감의 에너지가 되어 이후에 아이가 기적을 만들어 낼지도 모릅니다.

또한 아이가 선택에 어려움을 겪을 때는 부모가 귀띔을 해서 도와 줍니다, 허나 아이의 판단이나 의견이 틀리다고 부모 말을 들어라 하는 식은 좋지 않습니다.

만 두세 살 때에는 두 가지 정도로 양자택일을, 너 댓 살 이후부터는 서너 가지 정도 제시하고, 대여섯 살 이후라면 여러 가지 중에서 선택하도록 해서 선택 능력을 높여줍니다.

선택하고 난 후에는 '왜 이걸 선택했지?' 하고 물어보고 '오, 그랬어?' 하고 반응해 줍니다. 선택 후에는 부모가 간단한 평가를 해 주면 좋습니다.

'민성이가 선택한 대로 놀이공원 오기를 잘 했구나.' '민성이가 재미있게 노는 걸 보니 공을 선택하기를 잘했네!' 하면서 그 선택이 잘 되었다는 것을 공감해 줍니다.

아이가 초등학교 입학 전이라면 놀이나 활동이 끝난 다음에 평가를 겸한 칭찬을 해 주는 것도 좋습니다. 그렇게 해 주면 아이는 자기 행동에 자신감을 갖고 이후의 선택에도 마음을 씁니다.

다시 말씀드립니다만 아이의 선택에 대한 태도나 결과를 긍정적으로 평가해주고, 실패했을 경우는 실패 이유를 설명해주면서 격려를 해주어야 선택하는 일에 흥미와 관심을 갖게 됩니다.

결국 선택은 자신이 하고 그 결과도 자신이 책임진다는 것을 알게 함으로써 아이는 주인공 의식을 갖게 됩니다. 자칫 아이가 선택에 대한 부담을 가질 수 있지만 부모가 평소 얼마나 흥미 있게 자신감을 불어 넣어 주느냐에 따라 아이는 자신감이 생깁니다.

3. 수시로 칭찬하라

칭찬은 아이의 자존감과 자신감을 주고 긍정적 자아개념을 갖게 하는 마력이 있습니다. 칭찬은 아이가 주인공이 되게 하는 가장 훌륭한 방법이기도 하지요.

그러나 칭찬에는 부모의 책임도 뒤따르고, 무분별하게 할 경우 그 효과가 떨어지기 때문에 작건 크건 반드시 근거가 있는 칭찬이라야 합니다. 아이가 칭찬 받는 이유를 알고 또 그 가치를 인식해야 칭찬의 효과도 큽니다.

그런데 우연히 이루어진 것을 아이가 노력한 것처럼 칭찬을 한다든가, 운이 좋아서 된 일을 아이의 노력 덕이라고 칭찬을 한다면, 아이는 우연이든 좋은 운이든 자신의 노력의 결과라고 잘 못 생각할 수 있지요.

그렇다고 칭찬에 인색해도 안 됩니다. 예컨대 유치원이나 어린이 집에서 선생님이 작성한 결과물을 가져왔을 때 기대에 좀 어긋났다 해서 안 좋은 말을 하거나 실망하는 태도를 보이면 아이는 의기소침해지고 유치원이나 어린이집을 싫어할 수도 있습니다.

그러나 아이의 사기를 높여주기 위해서 칭찬이 꼭 필요한데 칭찬할 거리가 마땅치 않을 때에는 그 결과물 중에서 긍정적인 부분을 찾아야 합니다. 그것이 없다면 평소 아이 태도와 관련된 그 무엇에라도 꺼리를 찾아야 합니다.

예컨대. '민성이는 어린이집 노란 버스를 탈 때는 언제나 일등이더라. 엄마는 너무 기분이 좋아.' 하면서 엄지를 척 들어주면 아이는 사기가 올라가서 다른 것도 더 잘할 가능성이 있습니다.

아이가 칭찬 받을 일을 했을 경우에는 의기양양하도록 가족 모두가 자랑스러워하면서 칭찬을 해 줍니다. 칭찬은 아이를 주인공의 반석에 올려놓을 수 있답니다.

칭찬은 긍정적 자아정체성과 자존감과 자신감을 높이고, 칭찬한 부모와의 애착 관계도 좋게 합니다. 아이가 한 글을 터득했다면 여러 영역에 대한 칭찬 목록을 만들어서 벽에 붙이든가 폴더에 넣고 보면서 새로운 칭찬 거리가 생길 때마다 추가로 넣어줍니다. 작은 것까지 찾으면 예상보다 훨씬 칭찬 거리가 많을 것입니다.

4. 절대 남과 비교하지 말라

결코 아이가 듣는데서 다른 아이와 비교하여 우열이 들어나게 하는 일은 하지 말아야 합니다.

부모가 무의식중에 '우리 아이는 그런 것을 못해요.'라고 하거나 '우리 아이는 다른 애들보다 그것을 더 잘해요.' 라고 말하기 쉬운데, 아이 듣는 데서는 이런 평가를 하면 아이 인성에 모두 부정적인 영향을 끼칠 염려가 있습니다.

아이를 누구와 비교해서 추켜세우면 우월감을 갖거나 남을 낮추어 보게 되고, 반대로 아이가 못한다고 말하면 열등감을 갖고 자신을 부정적으로 생각해서 매사에서 자신감을 상실할 수 있기 때문입니다. 결국 아이 마음에 흠집을 내는 일이 되지요. 아이를 키우다 보면 참으로 조심해야 할 일이 한두 가지가 아닙니다.

5. 어떤 상황에도 책망은 금물

아이가 해 놓은 일이나 행동이 잘못 되었거나 마음에 들지 않는다고 책임을 물으며 꾸중을 하면 아이는 부모를 대하기가 두렵고 자기 능력을 불신하게 되어 결국은 자신감이나 자존감에 상처를 받아 의기소침해 집니다.

만일 이런 일이 반복 되면 부모와의 애착 관계도 허물어져서 아이는 마치 들판에 혼자 서있는 느낌을 받지요. 따라서 아이를 주인공으로 만든다는 계획과는 거리가 멀어지는 일이 됩니다.

그런 일이 발생했다면 부모는 신속하게 아이 마음을 원상으로 돌려 놓을 수 있는 대안을 마련해야 합니다. 대안이란 부모가 책망을 한 이유를 설명해 주면서 책망을 해서 미안하다는 사과를 한 다음 부모가 당부할 말을 품에 안고 속삭이듯 말합니다.

당부는 아이가 충분히 공감할 수 있어야 하고, 아이는 아이대로 부모에게 미안한 마음이 들어야 효과가 있습니다. 부모는 아이와 대화가 끝나면 스킨십을 해주는 게 좋습니다.

자칫하면 부모의 책망은 아이를 주인공으로 만드는 일에 커다란 차질을 빚게 됩니다. 책망할 일이 생겨도 아이를 주인공으로 만든다는 목표를 이루기 위해서 부모는 다른 지혜를 찾아서 해결하도록 합니다. 생각만 하면 길은 얼마든지 있답니다.

아이의 잘못을 충고할 때는 야단을 치기보다 대화로 풀어야 한다는 말씀은 이미 드렸습니다. 대화도 딱딱하지 않도록 부모가 평정심으로 돌아갔을 때 해야 합니다. 평정심을 갖고 사랑으로 말합니다.

안 들을 때는 안 들어도 일단 그렇게 시작해 봅니다. 말을 안 듣는다고 아이가 일부러 그러는 것은 아니지요. 아이로서도 불가항력입니다. 그럼 누가 그렇게 듣지 말라고 시킨 걸까요? 이해하실지 모르지만 제 생각에는 아이 마음을 지배하는 것은 자연입니다.

인간 자체가 자연이기 때문이지요. 아무리 잘못을 한 아이라도 자신은 잘못을 하기는 싫은데 억지로 그렇게 한 아이는 없습니다. 범죄자도 마찬가지입니다. 이게 무슨 엉뚱한 소리인가 하시겠지만 우리의 삶이 자연 자체이기 때문에 그렇습니다.

엉뚱한 이야기로 혼란스러우실지 모르지만 어쨌거나 아이의 결점을 사랑으로 다스려야 한다는 말씀을 드리고자 한 것입니다. 그래야 아이가 상처 없이 제 자리로 돌아오니까요.

아이가 잘못을 알고 있다면 부모가 그 잘못을 확인하는 것만으로도 반성의 효과는 충분합니다. 혹시 잘못한 줄을 모르거나 잘못을 부정한다면 그것을 인지할 수 있도록 대화를 나눕니다. 대화로 깨닫지 못할 일은 없지요.

아이가 잘못을 깨닫거나 반성하면 반드시 그 훌륭한 태도를 칭찬하고 스킨십도 해 줍니다. 잘못을 깨닫는 것만으로도 가능성을 보여주는 훌륭한 태도임에 틀림없기 때문입니다.

'민성이가 자신의 잘못을 아는구나. 엄마는 잘못을 아는 민성이가 훌륭하다고 생각해. 자, 엄마한테 약속한 것만 잊지 말고 이제 또 네가 놀고 싶은 대로 노는 거야. 네가 즐겁게 노는 모습을 보면 엄마도 행복하단다.'

이렇게 부모는 잘못보다 그 잘못을 받아들이는 태도가 중요함을 아이가 알게 하면서 주인공의 자리로 돌아오게 합니다. 잘못한 아이를 다루는 부모의 태도도 아이에게는 중요하지요. 부모가 일을 처리하는 방법을 아이가 모르는 사이 가르쳐 주고 있으니까요. 그래서 자식은 부모를 닮는다고 합니다.

지금까지 아이를 주인공으로 만드는 데 대한 말씀을 드렸습니다. 주인공이 되자면 우선 즐거워야 하는데 위의 다섯 가지는 아이를 즐겁게 하고 삶을 긍정적으로 배우게 하는 부모의 훈련이 담겨 있습니다.

부디 행복한 주인공으로 커 나가서 자신감이 충만한 장한 아이가 되기를 기대하고 또 바랍니다.

열두 번째 편지
육아의 버팀목 '생각의 틀'을 세워라

아이는 어른과 달라서 우격다짐으로 행동 수정을 한다
해도 그것이 무리가 되어 내면화 시키지 못합니다. 부모
가 유아의 특성을 알면 아이에게 자연 무리한 언행을 하
지 않게 됩니다.

앞에서 부모가 지니는 세 개의 눈은 아이를 키우는 큰 틀이 된다는
말씀을 드렸습니다. 큰 틀은 부모의 뇌리에 각인되어 있는 육아에 대한
준비적 생각이라 할 수 있습니다.

이제부터 말씀드릴 육아에 대한 작은 틀은 육아 현실에서 그때그때
만들어지는, 구체성을 띤 틀입니다. 그래서 그 틀들을 통해서 부모는
육아를 실현합니다.

따라서 그 작은 틀들은 육아 과정에서 부딪치는 일상의 문제를 해결
하는 부모의 판단일 수 있고, 상황을 현명하게 대처하는 부모의 아이디

어라고 할 수도 있습니다.

아이를 기르는 데는 자잘한 일에서부터 큰 일에 이르기까지 부모가 부딪치는 일은 많고도 많은데, 어느 하나 부모의 아이디어나 생각으로 이루어지지 않는 것은 없습니다. 그렇기 때문에 틀은 그때그때 상황에 맞추어 판단을 내리고 대처하는 부모의 최선의 아이디어라고 할 수 있습니다.

그런데 그 틀을 생각해 내는 기준은 아이 입장에서 생각하는 틀인가가 아닌가가 중요한 관건입니다.

예컨대 아이가 모래밭에서 맨발로 놀다가 가시에 발을 찔려서 울고 있을 경우, 부모가 '어쩌다 그랬니? 조심해서 놀지. 이 정도 갖고 엄살은! 바보나 그러지! 많이 다친 것도 아닌데 뭐. 엄마가 약 발라줄게.'

이렇게 하는 틀보다는

'아이고 어쩌다 그랬니? 아프겠구나. 호~ 하고 약 발라서 얼른 낫게 해줄게. 모래바닥에서 맨발로 놀다 보면 이렇게 다치기도 한단다. 곧 괜찮아질 거야.'

이렇게 말해 주는 틀이 더 좋습니다. 왜 그럴까요? 위의 틀은 전혀 아이 입장에서 생각나는 틀이 아닙니다. 부모 중심으로 하는 말이지요.

아이는 부모 말에 아무런 위안을 받지 못합니다. 중요한 것은 울고 있는 아이인데두요. 그러나 뒤의 틀은 아이 마음을 헤아리고 있습니다.

아이 마음을 헤아려 주면 아이가 훨씬 참을성 있게 행동하고, 두려움보다 위안을 받는다는 것을 부모가 알고 있습니다. 더구나 '모래바닥에서 맨발로 놀다 보면 이렇게 다치기도 한단다.' 라는 말은 다음에 같은 일이 생겨도 처음보다는 덜 당황하게 된다는 것과, 특히 '놀다가 다치기도 한다.' 라는 말은 다음번 이와 유사한 사고가 있을 경우에도 아이는 이 말이 떠올라 좀 더 차분해 질 수 있다는 것을 예측하는 틀입니다.

따라서 뒤의 틀은 아이 마음을 위로하고 용기를 주면서 앞일까지 내다보고 있습니다. 그런데 앞의 부모와 뒤의 부모는 즉석에서 생각을 가다듬고 그렇게 말을 했을까요?

그렇지 않습니다. 그런 생각을 가다듬을 수 있는 상황이 아니지요. 평소 부모가 아이에 대한 관점을 생각해두었거나 부모의 기질이나 천성의 차이입니다.

다음은 부모들의 대화입니다. 부모 A,B,C 가 만들어 낸 틀은 서로 어떤 차이가 있을까요?

부모 A : 너는 며칠 째 화산 그림만 그렇게 그리니? 해야 할 공부도 많은데 언제 하려고 그러니?

부모 B : 다른 거 안 하고 그림이나 그리려거든 좀 여러 가지로 새롭게 그려 봐. 날마다 꼭 같은 그림만 그리잖아. 지겹지 않니?

부모 C : 와, 화산 불꽃이 진짜 같네! 그림이 모아지면 거실에다 전시회를 열자. 엄마가 도와줄게. 아, 테이프도 끊으면 좋겠지?

부모 A가 머리에 떠올린 틀은 화산을 그리는 것이 못 마땅해서 은근히 공부를 권하고 싶은 틀입니다. 아이 중심이 아니라 부모 생각이 중심이 된 틀입니다. 이런 틀은 아이의 의욕을 막고 공부를 더욱 싫어하게 만들지요.

부모 B의 틀은 아이가 원하는 것을 허용하지만 조건부이기 때문에 아이의 사기를 올리지 못합니다. 조건을 달면 아이는 자신이 없어지기 쉽습니다.

부모 C의 틀은 아이가 좋아하고 흥미를 느끼는 일의 사기를 높이면서 잠재능력에도 관심을 갖는 틀입니다. 아이의 그림을 인정하면서 사기까지 높여주니 아이는 신바람이 납니다. 이 부모는 아이가 지금 그리는 그림이 잘되었든 못되었든 상관없이 아이의 관심과 흥미가 집중되어 있는 일이기 때문에 긍정적으로 생각합니다. 말하자면 아이의 미래를 보는 틀이지요. 참으로 칭찬받을 만한 부모입니다.

육아의 틀에 관해서 예를 하나 더 들어보겠습니다. 직장을 가진 엄마의 예입니다. 아이가 8개월 된 엄마입니다. 아이의 부모는 퇴근하고 집에 도착해서 우유를 먹고 누워있는 아이를 보고 볼에 뽀뽀를 하고 눈을 맞추며 '까꿍!'한 번 해 줍니다. 그러고 주방으로 들어가 밀린 일을 합니다. 아이를 평범하게 대하는 부모입니다.

다른 부모의 경우를 볼까요? 엄마는 퇴근하자마자 손을 닦기가 무섭게 아이 곁으로 갑니다. 싱크대에는 설거지를 요하는 그릇들이 쌓여 있네요. 하루 종일 얼마나 보고 싶었을까요.

'예쁜 우리 애기, 엄마가 지금 왔어요. 많이 보고 싶었어요? 엄마도 많이 보고 싶었어요! 이젠 엄마가 곁에 있어서 좋지요? 엄마도 우리 아가 곁에 있어서 좋아요.(웃음)'

이런 사랑스러운 말을 나누면서 품에 안고 스킨십도 하고, 기저귀 확인도 하고, 팔다리 스트레칭도 해주고, 눈을 맞추어 얼러주면서 아기의 웃음을 유발하기도 합니다. 직장 때문에 아이와 하루를 함께 하지 못한 아쉬움과 미안함과 그리움을 이렇게 해소합니다. 아이도 자신에게 애착을 갖는 엄마의 진심을 느끼면서 초롱한 눈으로 엄마를 바라봅니다.

위의 두 엄마의 틀의 차이는 무엇일까요? 앞의 엄마는 아이의 발달과업이나 성장의 과정에 대해서 크게 관심 두지 않는 듯합니다.

평소 직장 때문에 아이와 함께 보내는 시간이 부족했음을 안다면 다른 일보다 아이에게 시간을 써야 할 텐데 여기의 엄마는 그렇지 않군요.

아이가 8개월이면 부모와의 좋은 애착 관계 형성이 절실한 때인 데도요. 뒤의 엄마는 아이가 지금 필요한 것이 무엇인지를 생각하면서 육아의 전체적인 틀, 그러니까 8개월 된 아이는 엄마와 한창 애착 관계를 맺어야 할 시기라는 큰 틀 속에서 상황에 맞게 작은 틀로 바꾼 경우입니다. 작은 틀은 실행하는 틀입니다.

위의 세 가지 예를 보는 관점을 단순화하면, 단지 아이 중심의 틀인가 아닌가입니다. 우선은 아이 중심의 틀이 좋은 틀이라는 말씀을 드렸습니다. 훈육으로 아이를 가르치는 경우에도 아이 중심으로 해야 효과가 있음은 물론입니다.

그런데 혹시, 아이를 사랑하면 자연스럽게 되는 일인데 굳이 틀이라는 개념에 넣을 필요가 있을까요? 하실 분이 있을지도 모릅니다. 그것이 바로 제가 말씀드리고 싶은, 틀이란 이론이 아니고, 아이에 대한 부모의 관심과 사랑에서 나오는 생각이기 때문에 부모가 아이 중심으로 한다는 진실성만 있으면 틀은 자연스럽게 생성될 수 있다는 것입니다. 틀인 줄도 모르고 틀을 만드는 것입니다. 다만 좀 더 완벽한 사랑과 관심을 주기 위해서 틀이라는 말을 썼고, 또 어떤 부모는 틀이라는 개념을 정립시켜야 더 좋은 틀을 만들기 때문입니다. 다음에서는 그 틀을 만드는 일을 좀 더 말씀드리고 싶습니다.

생각의 틀 만들기

날마다 일마다 부모가 생각해 내야 하는 틀은 많습니다. 틀이 일상으로 필요하니까요. 어떤 틀을 만들까 생각할 겨를도 없이 일이 벌어질 수도 있습니다.

하지만 부모가 확고한 육아 방침을 갖고 있고 상황 파악만 잘 하면 즉석에서 떠오르는 것이 틀이기도 합니다. 속담에 '척하면 삼천리'란 말이 있듯 상황 파악과 부모가 다룰 틀이 동시에 생각나기 때문입니다.

장난감을 가지고 놀다가 갑자기 아이가 울 때 부모는 어떻게 해야 한다는 생각을 할 겨를도 없이 아이에게 맞는 즉석의 아이디어로 아이를 달래게 됩니다.

부모의 머리에 아이 중심의 틀이 자리 잡고 있다면 아이 성장에 긍정적인 틀로 달래게 되지만, 만일 평소 부모 중심의 틀을 갖고 있다면 우는 책임을 아이에게 돌리면서 일방적으로 아이의 울음을 그치게 할 확률이 높습니다.

틀은 평소에 아이와의 관계와 기분에서 영향을 받기도 합니다. 아이와 좋은 관계라면 자연히 아이 중심의 틀을 갖게 되지만, 만일 아이와 부모 간 갈등이 잦은 관계라면 부모 중심의 틀에 쏠리게 됩니다.

아이가 말을 잘 듣지 않고 속을 썩이거나 떼를 부린다고 생각하면 자연히 부모가 주도권을 잡고서 밀고 나가기 때문에 부모 중심의 틀이 됩니다.

아이를 잡고 있는 끈을 놓아주면 지금보다 더 버릇이 나빠질까봐 걱정이 되고, 아이의 버릇을 고쳐야 한다는 조급함이 부모 중심의 틀을 더 굳게 합니다.

이와 같은 틀을 자주 사용하면 아이를 무기력하고 폐쇄적으로 만들고, 아이의 자존감이나 자신감이 훼손될 뿐 아니라 심리적 불안감과 불만이 확대될 수 있습니다.

부모 중심의 틀을 계속 사용한다고 해서 아이의 상태가 더 좋아질 가능성은 없습니다. 아이는 어른과 달라서 우격다짐으로 행동 수정을 한다 해도 그것이 무리가 되어 내면화 시키지 못합니다. 부모가 유아의 특성을 알면 아이에게 자연 무리한 언행을 하지 않게 됩니다.

만일 '우리 아이는 고치기 힘들어요.' 하는 부모가 있다면 아직 아이에게 맞는 틀을 발견하지 못해서, 즉 아이 마음을 알아 줄 줄을 몰라서 그렇습니다. 아이가 말을 듣지 않고 고집을 부리거나 떼를 쓰는 것은 생각보다 단순한 이유 때문이지요.

그 이유를 파악해서 아이의 마음을 알아주는 틀로 바꾸면 대부분 부모와 아이의 관계는 좋아집니다. 부모가 양보하지 않는 한 비유해서 말하자면 아이의 영혼까지 친해지지는 않습니다.

마음을 안다는 것은 우선 아이의 자존감을 살려주고, 부모가 자신을 사랑하고 있다는 신뢰감을 느끼게 하는 것입니다. 거기에 넘어가지 않을 아이는 없지요. 그러면 아이의 영혼과도 친해진답니다. 생각하면 부모가 아이 마음을 얻지 못할 일은 없는데 ,참으로 안타까울 때가 많습니다. 틀이 달라지면 결과도 달라진다는 말을 믿으시기 바랍니다.

틀의 예는 한없이 많습니다. 인성을 심을 때의 틀, 학습을 도울 때의 틀. 놀이의 틀, 교감의 틀, 대화의 틀, 훈육의 틀, 꿈을 키우는 틀, 애착을 강화하는 틀, 화해를 시키는 틀, 떼를 달래는 틀, 고집을 부릴 때의 틀 등등 수도 없습니다.

그런데 그 틀은 그때그때마다 아이 중심으로 만들게 된다는 말씀을 다시 드립니다. 이런 틀은 어디 목록에 있지도 않고, 누가 일러주지도 않습니다. 오직 부모가 육아를 하면서 생각해 낼 뿐입니다.

대부분은 자연스럽게 생각나지만 즉석 해결이 될 문제가 아닌 무거운 문제일 경우는 틀(방법)을 생각해 내느라고 시간이 걸릴 수도 있습니다. 어떤 틀이든 틀은 부모의 사랑의 표현이고 아이 중심입니다.

그런 틀이라야 성공 확률이 높습니다. 덧붙여 말씀드릴 것은 전에 말씀드린 부모의 기본 마음입니다. 부모가 좋은 틀을 만들기 위해서는 부모가 갖추는 3개의 눈과, 기본 마음 4가지의 내용이 기준이 될 수 있습니다.

기본 마음은 아이를 키우는 부모로서는 한시도 잊지 않고 마음에 담고 있어야 할 육아의 기본입니다. 기본 마음이 철저하면 틀은 그 테두리 안에서 자연스럽게 떠오르게 되지요. 부모는 3개의 눈과 기본 마음을 통해 육아의 틀에 자신감을 가지시기 바랍니다.

오늘 편지에서는 부모가 아이를 대하는 틀에 대해서 오래 말씀드렸습니다. 큰 틀이건 작은 틀이건 그 틀 가운데에는 부모의 사랑이 자리 잡고 있다는 말씀도 드렸습니다. 부디 아이 중심의 틀로 아이의 성장을 이끌어 나가셨으면 좋겠습니다.

열세 번째 편지

공부 잘하는 아이보다
똑똑한 아이로 키워라

공부잘하는 아이보다 똑똑한 아이를 키우는 육아가 되
자는 것이 이번 편지의 핵심이고 그 해답이 '눈높이 대화'
입니다.

오늘 편지는 아이의 똑똑함에 대해서 말씀 드리겠습니다. 국어사전의
'똑똑하다'는 '매우 똑똑하고 영리하다'입니다.

두뇌가 좋다고 매사에 똑똑하거나 영리하지는 않습니다. 머리는 천재
인데 커가면서 평범하게 되는 경우도 있으니까요.

똑똑한 아이는 상황 파악이나 판단이 빠르고, 두뇌회전이나 순발력
이 좋아 문제 해결 능력도 있습니다.

똑똑한 아이는 이기적인 성격 아니기 때문에 예의 바르고 인성도 갖
추어서 주변에서 칭찬을 받습니다. 그래서 모든 부모는 아이가 똑똑하
고 총명하게 자라기를 바라지요.

그러나 똑똑하다는 것과 공부 잘한다는 것이 같은 뜻은 아닙니다. 공부를 잘 하는 편은 아닌데 똑똑한 아이가 있는가 하면, 공부는 잘 하지만 똑똑한 면보다 좀 어수룩한 면이 있는 아이도 있으니까요.

똑똑하려면 일단 머리 회전이 빨라야 합니다, 머리가 잘 돌아가면 눈치도 빠르고 상황파악도 잘할 뿐 아니라 문제의 본질도 잘 파악하는 편입니다.

아이를 그렇게 똑똑하게 만드는 것은 기본적인 두뇌에다가 주로 아이의 경험입니다. 하나의 작은 경험에도 여러 성장 요소가 들어 있기 때문에 새로운 경험에 있는 성장 요소는 아이에게 새로운 느낌과 새로운 생각을 갖게 하고, 그 사물이 돌아가는 현상을 알게 합니다.

그런 경험에서 터득하는 요소가 많을수록 아이는 똑똑하게 됩니다. 경험이란 아이가 살아가는 모든 환경과의 작용이기 때문에 똑똑한 아이로 키우려면 아이에게 많은 경험을 시키면서 그 경험이 주는 의미를 깨닫게 하는 것입니다. 깨닫게 하는 것은 스스로 느끼고 생각해서, 또는 부모의 설명을 통해서이겠지요.

일상의 경험도 똑똑하게 하지만 여행을 하거나 어떤 특별한 행사와 같은 경험을 통해 부족한 경험을 채워주면 아이는 그 경험 만큼 똑똑하게 됩니다. 같은 경험이라 하더라도 아이는 여러 번 새로운 느낌을 받을 수 있으니까 아이가 원하지 않을 때까지 여러 번 반복해 시켜 주는 것도 필요합니다. 같은 책을 여러 번 반복해 보는 것도 같은 일입니다.

또한 아이의 새로운 경험은 생각을 새롭게 하고, 그 생각과 느낌은 새로운 언어와 연결되기 때문에 결국 경험은 언어 발달에도 도움이 됩니다. 언어는 생각이나 느낌을 표현하는 수단이므로 동시에 사고력 발달에도 기여하게 됩니다.

즉 경험, 언어, 사고가 서로 연결되는 고리를 이루게 되지요. 특히 전두엽이 급속하게 발달하는 만 3살부터 6살까지의 기간은 언어와 사고의 시기이니만큼 부모는 아이가 다양한 경험을 통해서 언어와 사고가 발달하도록 도와줍니다. 따라서 부모는 아이가 심심할 때가 없도록 황금 같은 그 경험들을 위해 노력해 줍니다.

놀이, 심부름, 여행, 책 읽기, 영상매체, 마트, 이웃집 심부름, 친구 초대, 낯선 친구 사귀기, 동물과 교감하기, 낚시, 병원, 수영장, 놀이 공원, 운동, 길 물어보기, 은행에 가기, 공연 보기, 산에 오르기, 썰매나 보트 타기, 공놀이, 식당에서 음식 주문, 배 타기, 옷 갈아입기, 청소하기, 꽃밭 가꾸기, 농장 체험, 과일 따기 ,모래 놀이 ,찰흙 놀이, 시장가기, 등등 아이가 해 볼 일은 많고도 많습니다. 아이가 곤란한 일에 부딪치면 부모가 슬쩍 도와주기도 합니다.

놀이나 활동이 끝나고 나면 부모는 아이에게 피드백을 합니다. 거창한 것이 아니라 '~가 어땠어? ~이 좋았어?, 그 때는 어떻게 하면 좋았을까?, 무엇을 느꼈지? 왜 잘 안 되었을까?'와 같은 간단한 물음입니다.

이런 물음이 아이로서는 자신의 경험을 되돌아보게 되고, 부모는 아이가 경험을 어떻게 받아들였는지 알 수 있게 합니다.

또한 아이가 행복하게 놀도록 환경을 만들어 주면 매일 매일 똘똘하게 자라나는 모습이 눈에 보이게 되지요. 놀이는 몸과 머리만을 발달시키는 것이 아니라, 정서적, 심리적 발달도 함께 이루기 때문에 아이에게는 놀이판이 최대의 성장판이나 같습니다.

그러므로 부모가 얼마나 놀이 분위기를 허용하면서 환경을 마련해 주느냐에 따라 아이의 성장하는 모습이 다를 수 있지요. 놀이를 위해 부모의 도움이 필요한 때는 만 5~6세까지이고 그 후로는 아이 자신이 놀이를 만들어 나가게 됩니다.

만일 그 시기에 공부 따위로 아이를 쥐어짜거나 압력을 가하면 스트레스를 받게 되고, 그 스트레스가 지속 되면 성인 이후에도 어두운 그림자로 붙어 다닐 수 있습니다.

또한 유아기에 필요한 학습을 할 때에는 학습을 놀이화해서 아이의 행복을 무너뜨리지 말아야 합니다. 그 나이 때에 하기 싫은 공부를 억지로 시키면 이후로도 공부라면 머리를 흔들고 거부감을 나타내어 두고두고 후유증이 생기니까, 초등학교 입학 전까지는 '학습=놀이' 라는 방법을 이어가도록 노력합니다.

'학습=놀이'의 방법은 어려운 것이라기보다 아니라, 가르치는 아이디어를 만들어 내고 학습 자료를 만드는 과정이 부담가고 힘이 들어서 유아 학원이나 어린이집과 유치원에서 기피하기도 하고, 심지어 가정에서 부모도 같은 이유로 꺼리면서 쉽게 가르치려는 경향이 있지요. 그러나 어른이 편하면 편한 만큼은 아이는 딱딱한 것을 배우느라 더 힘들고 파지력도 낮습니다.

또한, 이미 말씀드렸듯이 부모와의 대화가 아이를 똘똘하게 하는 데는 필수입니다. 대화에서도 생각을 확장시킬 수 있는 질문이 포함되면 아이를 똘똘하게 하는데 효과적입니다. 머리가 확장될수록 생각도 커지고 보는 눈도 커집니다.

동화책을 읽거나 길을 걸을 때, 차를 타고 갈 때, 마트에 가거나 여행을 하는 일상이라 할지라도 아이에게는 새로운 호기심을 유발하는 경험이자 인생을 탐험하는 일이기 때문에 부모가 주위를 자료화해서 대화거리를 만들면 얼마든지 아이와 흥미 있는 대화가 가능합니다.

대화거리는 현재 진행되는 일이나 주위의 사물과 연관시키는 것이 좋고, 간간 질문을 섞습니다. '엄마가 지금 뭐라고 했지?' 하고 듣는 태도를 강화시키는 질문도 하고, '왜' '무엇' '어디' '누가' '어떻게' 와 같은 의문사가 포함하는 말로 물으면 아이는 생각을 하며 대답을 하게 되지요.

좀 다른 이야기입니다만, 길을 갈 때 "이 길이 민성이 아이크림 사러 가던 길 맞아?"하고 물어 보면 아이의 뇌리에는 집에서 출발해서 아이스크림 가게에 갈 때까지의 로드맵이 상기되지요. 전체를 머리에 이미지로 떠 올리고 지금 어느 지점에 와 있다는 것만 알아도 아이의 종합력을 향상시키게 됩니다.

그 종합력은 이 다음 글의 요지를 찾거나 요약하는 사고력과 글쓰기 할 때의 전체 줄거리를 만드는 데에도 도움이 되지요. 이렇게 보면 아이가 크면서 공부를 잘하는 것은 어릴 때부터 기초를 닦은 일과 직결됨을 알 수 있습니다.

그 기초를 닦아 주는 것은 결국 부모랍니다. 그러니 기초도 닦아주지 않고 나중에 공부 못한다고만 하면? 부모의 욕심이자 모순이지요.

부모와 대화를 할 때 살필 일은 아이의 대답 내용이 옳고 틀리고보다 질문에 맞는 형식으로 대답을 하는가입니다. 내용이 어떠냐는 그 다음 문제이고요. 부모가 '어떻게?' 라고 물었는데 '왜?'의 답을 하면 똑똑한 대답이 아니기 때문에 더 쉽게 몇 번이고 설명해서 바른 대답으로 고치게 한 다음 칭찬을 합니다.

어떤 일이든 아이가 시행착오를 거치면서 해내는 일은 칭찬에 인색하지 않아야 합니다. 그 칭찬이 아이의 자신감을 살리면서 다음을 위한 좋은 약이 되기 때문이지요.

대화는 아이 머리를 좋게 하면서 똑똑하게 만드는 중요한 방법입니다. 머리를 좋게 하는 대화와 아이를 똑똑하게 하는 대화를 따로 구분해서 할 수는 없지만 어쨌거나 대화라는 도구를 써서 아이를 똑똑하게 키울 수 있음은 모든 부모에게는 행운입니다.

공부잘하는 아이보다 똑똑한 아이를 키우는 육아가 되자는 것이 이번 편지의 핵심이고 그 해답이 경험과 대화였습니다.

열네 번째 편지

메타인지(Meta cognition)가 똘똘한 아이를 만든다

의사가 환자가 병에 걸렸다고 환자에게 화를 내지 않듯 부모는 아이의 의사임을 상기해야 합니다. 다 컸다 하더라도 부모는 언제나 아이 중심으로 생각해야 합니다.

똘똘한 아이가 되기 위해서 필수적인 정신 기능이 있는데 그것은 메타인지입니다. 이는 자신이 한 일이나 행위 또는 생각했던 것에 대한 결과에서 뜻하지 않은 실패가 나왔을 경우 그를 수정 보완하거나 새로운 계획에 도전하는 꽤 약은 행동을 하는 인지기능입니다.

흥미와 욕구가 있는 어떤 일을 해 보고 싶다면 그에 대한 목표와 방법 그리고 실천과정이 있겠지요. 그 결과 실패했다 하더라도 문제점을 찾아 고치고 보완해서 계획을 성공시키는 잠재적 능력은 아이가 갖고 있는 메타인지에 많이 좌우됩니다.

자신이 무엇을 잘하고 무엇을 잘 못하는지, 그리고 잘 못하는 이유는 무엇인지를 알아채고 그것을 고치려면 어떻게 해야 할까 하는 탐구적 사고방식이 메타인지에 속합니다.

부모가 어릴 적부터 이런 메타인지를 염두에 두고 키워주면 아이는 어떤 일을 하고 나서 자신의 일을 반성하고, 장점과 단점을 구분하면서 잘못된 점은 무엇이며 개선할 방법은 어떻게 할까 등 똑똑함을 나타냅니다.

똑똑한 아이는 심부름을 시켜도 부모의 마음에 들게 하지요. 예를 들어 부모가 캔에 든 햄을 사오도록 아이를 가게로 보냈는데 마침 마트에는 햄이 없어서 부모가 말하지는 않았는데도 아이는 알아서 햄 대신 소시지를 사는 경우입니다.

아이는 햄과 소시지는 비슷한 육류 가공 식품이기 때문에 부모가 괜찮다고 할 것 같아서 소시지를 대신 샀습니다. 마트 주인에게는 '혹시 부모님이 잘 못 사왔다고 하면 도로 가져올 터이니 환불해주실 수 있나요?' 라는 만일의 사태에 대비해 확인도 해둡니다. 메타인지가 높은 아이는 이렇게 행위의 언저리도 생각하지요. 그런 아이를 사람들은 이구동성으로 똑똑하다고 말합니다.

한편, 메타인지가 높은 아이는 학습에서 빛을 내기도 합니다. 제가 교사일 때 학습 성취도가 높은 학생과 낮은 학생을 보면서 왜 같은 나이, 같은 교재, 같은 교사, 같은 학습 조건, 같은 학습 시간이라는 동일한 조건인데도 성적에서 많은 차이가 날까 하는, 좀 순진한 의문을 갖고 그 이유를 캐 본 일이 있습니다.

물론 학습 성적은 앞 단계의 학습 결손 여부, 가정환경, 부모의 관심 정도, 성취의지, 학습 내용 이해와 학습 방법 등 여러 변인(變因)에 의해서 좌우됩니다. 그러나 그 이유 중에서 성적이 낮은 이의 가장 큰 변인은 성적에 대한 본인의 관심과 성적을 올리려는 자신의 방법 선택에서 무관심하거나 소극적으로 대처한 것이었습니다.

즉, 메타인지가 낮으면 자신이 무엇을 왜 못하는지에 별 신경을 쓰지 않으면서 해오던 관행대로만 하는 경향이 있었고, 성적이 낮은 이유는 단지 자신이 열심히 하지 않거나 머리가 나빠 그렇다고 생각하는 경향이었습니다.

지금 나는 어떤 상태인데 더 나아지기 위해 개선할 점이 무엇이고, 개선 방법은 무엇인가에 대하여 별 관심이 없거나 관심이 있다 해도 어떻게 문제를 해결할지 모르는 학생이 대부분이었지요. 이런 학생은 어려서부터 머리를 쓰지 않고 묵혀두었다는 것도 알게 되었습니다.

메타인지를 포함한 사고력을 높이는 길은 어려서부터 어떤 훈련이 되어 있느냐가 관건입니다. 머리가 좋고 나쁨은 유전이라고 하지만 유전에 의하여서만 결정되지는 않습니다.

만일 유전에 의해서만 머리의 좋고 나쁨이 결정된다면 두뇌활동을 시키지 않아도 좋은 아이는 좋은 결과가 나오고, 나쁜 아이는 아무리 두뇌를 사용해도 나쁜 상태가 계속되겠지요.

그러나 머리가 좋다 하더라도 갈고 닦는 후천적 노력이 없으면 명석하고 총명한 머리를 가질 수 없고, 머리가 좋은 편이 아니라 하더라도 갈고 닦는 노력을 기울이면 기울인 만큼 두뇌활동은 빛이 납니다.

두뇌는 좋은 수준은 좋은 대로, 뒤지는 수준은 뒤지는 대로 천층만층입니다. 정확히 말씀드리면 사람마다 다 다르기 때문에, 좋고 좋지 않고를 획일적으로 판단할 수는 없지요. 따라서 아이에 대한 목표는 '지금보다는 좀 더 좋게, 내버려 둔 상태보다는 좀 더 좋은 상태로'에 목표를 두고 노력해야 합리적이면서 좋은 결과를 가져옵니다. 다음 편지에서는 일상에서 메타인지나 사고력을 키우기 위한 방법에 관한 예를 들어 보았습니다.

l. 메타인지를 높이는 방법

부모가 아이의 메타인지를 높이는 방법은 대체로 대화와 경험을 통해서입니다. 이는 아이를 똘똘하게 만드는 기본이 되었듯이 대화와 경험은 약방의 감초처럼 아이의 정신적 능력을 발달시키는 데 빠지지는 데가 없습니다. 아이의 성장 모태도 대화와 오감을 통한 경험과 행동이었지요.

우선 대화를 통해서 부모는 아이가 생각할 수 있는 질문을 많이 하는 게 좋습니다.. 동화책을 읽거나 길을 걸을 때나 차를 타고 갈 때, 여행을 하는 것은 아이에게는 새로운 경험이고 탐험이라고 말씀을 드렸는데 그 탐험은 아이의 두뇌에 미치는 영향이 크지요.

그 영향은 새로운 생각이 자극이 되어 두뇌를 활성화 시킵니다. 부모는 이런 기회를 놓치지 않고 주위의 사물과 연관시켜서 질문을 던집니다.

이유나 원인을 묻는 말, 결과를 묻는 말, 가정을 묻는 말, 조건을 묻는 말 등을 질문하면 아이가 머리를 굴리면서 생각을 하게 되지요. 아이가 어려워하지 않도록 쉽게 말하는 게 좋습니다.

'민성아. 어제 왜 울었어?, 사람이 여우가 된다면 기분 좋을까?, 만일, 지금 비가 쏟아진다면 우리는 어떻게 하지?, 피자는 맛있지만 레몬은 어때?' 처럼 쉽게 물을 수 있어야 합니다.

그리고 접속어 넣기 게임을 하면서 자연스럽게 아이의 두뇌에 자극을 주는 것도 좋습니다. 아이가 대답을 하면 부모는 맞장구를 치거나 공감을 하면서 아이가 깔깔거리며 재미있게 웃게끔 유도를 하기도 합니다.

만일 아이가 대답을 하지 못하면 적당한 시기에 귀띔을 해서 알도록 하는데, 이때 아이가 '내가 왜 그 생각을 못했지?' 한다면 부모의 귀띔은 성공입니다.

대화는 즉석에서 생각나는 대로 하게 되지만, 만일 부모가 좀 더 아이의 사고를 촉진시키는 질문을 하고 싶다면 노트에 미리 질문틀을 만들어 보기도 합니다, 그렇게 몇 번 하다보면 요령이 늘어나서 즉석에서도 아이의 사고를 자극하는 질 좋은 물음을 할 수 있게 됩니다.

질 좋은 질문이란 아이의 창의성이나 논리성, 비판적으로 답을 하게 하는 질문인데, 수위가 높으면 모를 뿐 아니라 질문 자체를 싫어하게 되니까 아이가 쉽게 대답할 수 있게 하면 좋습니다. 예컨대 아이에게 이런 질문을 했다면 어떨까요?

"민성아. 네가 하기 싫은 놀이를 어떤 친구가 너와 함께 놀자고 '민성아 함께 놀자.'하고 물었어. 민성이가 친구에게 두 가지로 대답할 수 있다면 어느 게 더 좋은 대답일까요?

처음 대답은 '나는 그런 놀이는 하고 싶지 않아.'이고 두 번째 대답 '나는 내가 하는 놀이가 더 재미있어서 그건 하고 싶지 않아.'야"

이 때 민성이의 대답은 두 번째가 좋습니다. 그것이 친구에게 거절하는 이유가 담긴 논리적 대답입니다. 따라서 왜 거절하는지 친구는 궁금하지 않습니다.

이것은 소통의 방법인데 만일 민성이가 2번을 골랐다면 직관으로 그 방법을 아는 것입니다.

민성이가 이렇게 2번째 대답을 꼽았다면 왜 그 답이 더 좋은지를 말해줍니다. 만일 첫 번째 대답을 꼽았다면 두 번째가 더 좋다는 이유를 설명해 줍니다. 민성이가 부모의 이유 설명에 수긍하면 '와. 아빠 말을 잘 이해하는구나. 멋지다!' 하고 칭찬해 주면서 '다음부터 누구에게 말할 때는 네가 왜 그런 마음인지 이유도 말해 주는 게 좋아.'하고 알려줍니다.

즉석에서 유사한 예를 더 들어 아이가 확실한 개념을 갖도록 하면 훌륭한 부모이지요.

그런데 이런 대화가 왜 메타인지와 연관 될까요? 메타인지의 핵심은 반성적 사고이고, 그 반성적 사고는 여러 상황에서 나타날 수 있습니다. 위의 대화에서 민성이는 알맞은 대화 하나를 고르는 과정에서 메타인지가 개입되었지요. 대답1이 대답2로 넘어오면서 메타인지적 사고가 작용했습니다. 따라서 아이를 똘똘하게 하는 문제는 메타인지의 개입이 다분하지요.

또 다른 예를 들어 보겠습니다. 다섯 살 된 민성이와 부모의 대화입니다. 유치원에서 친구가 놀이를 하다 발을 다쳤는데 다친 친구를 위해서 민성이가 할 일은 무엇인지를 부모가 물어보고 있습니다. 메타 인지는 생각이나 행동을 계획하고 수정하는 사고이기 때문에 부모는 민성이에게 그런 똘똘함을 길러주는 틀로 묻습니다.

대화 1

"민성아. 유치원에서 놀다가 네 친구 나리가 발을 다쳐서 울고 있어. 그러면 너는 나리를 위해서 무엇을 할 거지?"

"응, 선생님한테 가서 말할 거예요."

"선생님께 가서 친구가 다쳤다고 알려드릴 거구나. 왜 그래야 되니?."

"선생님이 알아야 나리를 병원에 데리고 가잖아요."

"맞아. 우리 민성이 되게 똘똘하구나. 멋지다!"

대화2

"민성아, 어린이 집에서 놀다가 네 친구 나리가 발을 다쳐서 울고 있어. 그러면 너는 나리를 위해서 무엇을 할 거지?"

"몰라요."

"아, 나리를 위해서 어떻게 해야 할지 모르는구나. 그래도 네가 나리를 도와줄 수만 있다면 좋겠지? 나리가 아파하니까."

"네."

"그러면 민성이가 나리를 위해서 무어라도 하면 좋을 텐데?"

"무얼 해야 해요?."

"우리 생각해 보자. 아픈 나리에게 먼저 급한 일은 무엇일까?"

"병원에 가는 거요."

"오, 맞아. 잘 맞히었어. 병원에 가야 하지. 그런데 발을 다친 친구가 혼자서 갈 수 있을까?"

"아니요. 못가요."

"맞아. 나리는 다리를 다쳤고 또 어리니까 혼자서는 병원에 못 갈 거야. 민성이도 아프면 혼자서 병원에 갈 수 없잖아. 그럼 나리는 어떻게 하지? 혼자서 못 가니까. 부모도 없고. 누가 데리고 가야할 텐데? 민성이가 데리고 갈 수 있어?"

"아니요."

"맞아. 민성이도 어리니까 병원에 못 데리고 가지. 그러면 유치원에서 누가 나리를 데리고 병원에 가야 할까?"

"응, 선생님요."

"옳지, 선생님께서 데리고 갈 수 있지. 그런데 선생님은 나리가 다치고 우는 줄 모르시거든. 어떻게 하면 좋지?"

"음. 내가 가서 말할 거예요."

"민성이가 선생님께 가서 말씀을 드려야 한다고? 맞아. 얼른 선생님한테 말씀 드려서 나리를 데리고 병원에 가거나 선생님이 돌봐야 해. 우리 민성이는 역시 똘똘하구나."

"자 그럼 아빠가 다시 물어 볼까? 나리가 발을 다쳐서 울고 있는데 민성이가 나리를 위해서 무엇을 해야 할까?"

"선생님한테 가서 나리가 다쳐서 운다고 말하는 거예요."

"딩동댕! 이제 민성이가 친구를 위해서 할 일을 생각했네! 우리 민성이 짱이야! 그런데 민성아. 나리가 다쳤을 때만 그런 게 아니고, 친구가 무슨 일이 있어서 네가 도울 수 없을 때는 얼른 어른들께 가서 말씀드려야 해. 알았지?"

대화 1의 민성이는 자신이 할 일을 똘똘하게 잘 알고 있고, 대화 2의 민성이는 자신이 할 일을 모르고 있다가 아빠가 대화를 이어나가자 그제야 알게 됩니다.

그제야 알게 되어도 메타인지를 높이는 데에는 도움이 되었습니다. 그 바람에 대화2는 대화1보다 길어져서 시간이 더 걸렸지요. 따라서 대화1과 2의 민성이는 본질적으로 두뇌의 차이라기보다 시간과 방법의 차이입니다.

즉 시간과 방법만 있다면 대화1과 대화2의 민성이는 같은 시간, 같은 생각에 도달할 수 있지요. 만일 민성 2가 이와 같은 유사한 경험이 이미 있었다면 아마 오늘 민성1 처럼 동시에 대답을 했겠지요? 경험만 있다면 대화2의 민성이도 대화1의 민성이와 똑같이 똑똑해질 수 있다는 것입니다. 우리는 이제껏 아이의 머리가 나빠서 무엇을 못한다고 여겼지만 이제는 아이가 무엇을 잘 못하는 것은 아이에게 맞게 가르치지 않아서 그렇다는 생각으로 바뀌었으면 합니다.

말이 나온 김에 중·고등학생의 경우, 메타인지가 학습에 어떻게 관련되는지 알아볼까요?

시험 성적이 좋지 않은 한 학생이 고민을 합니다. '나는 왜 이렇게 성적이 안 오르지?' 그 학생은 몇 가지 그 이유와 앞으로 할 일을 생각합니다.

1. 나는 머리가 나쁜가 봐. – 태어날 때부터 그랬어.

2. 열심히 안 해서 그런가 봐. – 이제 좀 열심히 해야지.

3. 난 수업시간에 잘 졸아 – 앞으로는 졸지 말아야지.

4. 시험시간에 너무 떨었나? – 시험 시간에 왜 자꾸 떨리지?

5. 공부 잘 하는 친구를 본 떠서 할 걸 그랬어. –우등생을 본뜨면 우등생이 된다는데.

6. 무엇이 시험에 날지 막연했어. – 선생님이 시험에 날 것을 짚어주면 좋은데...

시험을 잘 보지 못한 이유와 개선 대책을 어느 학생이 생각해 본 것입니다. 이 대책대로 하면 다음 시험을 잘 볼 수 있을까요? 실패의 원인이 무엇인지를 바로 알지 못하면 그 대책은 막연하지요. 두루뭉술한 대책은 먼저 번과 비슷한 결과를 가져오게 됩니다. 똑똑할수록 문제를 잘 파악하고, 그 대책도 구체적이고 실속 있습니다.

1. 나는 머리가 나쁜가 봐.

– 나는 IQ가 100은 되니까 보통 능력은 되는데. 보통이라면 노력하면 더 올라갈 수 있는 거겠지.

2. 열심히 안 해서 그런가 봐.

– 이번 시험 준비는 특히 국어와 과학에서 준비를 덜 했어. 시간이 부족해서 그랬는데 앞으로는 과목별 계획을 잘 짜서 공부하자. 시간이 부족하니까 암기 할 것은 자투리 시간을 이용해서 확실히 해야 겠어.

3. 수업시간에 졸아서 잘 듣지 못한 게 많아.

– 수업 시간에 졸지 않으려면 수업 내용 요점을 노트하면서 들어야지. 그리고 게임 때문에 잠자는 시간을 빼앗기니까 이제 게임은 주중에는 어떻게든 안 하는 걸로 하자.

4. 시험시간에 너무 떨었나?

– 특히 자신이 없는 과목의 시험 시간에 성적이 나쁘면 어쩌지? 하는 걱정이 들곤 했어. 이제 시험 준비하면서 문제 풀이 할 때부터 잡념 없이 집중하는 연습을 해야지.

5. 공부 잘 하는 친구를 본 떠서 할 걸 그랬나.

- 일단 공부 잘 하는 순철이한데 어떻게 공부하는지 물어봐야지. 특히 국어와 과학.
6. 선생님들이 중요 사항을 짚어주지 않아서 공부하기가 막연했어.
- 수업이 끝나고 친구와 서로 의견 나누면서 확인해 보는 습관을 가지면 좋을 것 같아.

앞의 학생이 대강 생각한데 비해서 뒤의 학생은 구체적입니다. 뒤의 학생은 메타인지가 강한 편입니다. 물론 뒤의 학생의 반성과 대책은 누구와 상담을 하지 않더라도 생각하는 힘만 있다면 어렵지 않은 일입니다.

생각하는 힘은 원인을 파악하고 더 나은 대안을 만들어 줍니다. 생각은 반드시 머리가 좋은 사람만 하는 게 아니라, 자신이 생각해야 한다는 필요성을 느끼는 사람은 자기 수준에서 생각을 하게 됩니다.

만일 스스로 문제 해결하는 게 힘들겠다는 생각이 떠오를 때, 누구의 도움이라도 받아야 한다는 생각만 해도 그 학생은 이미 문제 해결력이 있는 똑똑한 학생입니다.

말이 나온 김에 똑똑한 아이를 만들기 위해서 부모가 아이를 어렵지 않게 돕는 방법도 있습니다. 부모가 시험에서 틀린 문제의 이유만 물어만 보아도 아이 머리를 똑똑하게 하는 데에 큰 도움이 되지요. 질문을 받고 대답하는 과정에서 아이는 자신의 결점을 알게 되고, 고치는 방향도 생각하는 메타인지가 발동하게 됩니다. 묻기 전에 부모는 솔직히 "아빠가 묻는 이유는 네가 시험 본 결과를 반성해 보기 위한 것이야, 생각하면서 대답을 하면 그건 아빠 물음의 정답이야."하고 대화 목적을 분명히 합니다.

- 이 문제를 틀린 이유는 무엇일까?

- 왜 그게 답이라고 생각한 거지?

- 아, 이 문제는 맞혔다! 어떻게 공부했기에 맞힌 거지?

- 이 문제는 무엇을 소홀히 해서 틀렸지?

- 다음 시험을 위해서 더 나은 공부 방법이 있을까?

- 다른 방법은 무엇이지?

- 특히 서술형 문제에서 많이 틀린 이유는 왜지?

- 서술형 문제를 쓰기 위해서 어떻게 준비해야 할까?

- 수업이 어려워서 잘 이해 못하는 것도 있었구나. 그러면 어떻게 하면 좀 더 수업을 이해할 수 있을까?

- 다음 시험을 위해서 고쳐야 할 공부 태도는 어떤 거라고 생각하지?

- 그 과목은 자신이 없구나. 어떤 부분이 더 자신이 없니? 자신이 없는 부분 중에서도 가장 알기 힘든 것은 무엇이지? 그 부분을 알려면 네가 어떻게 해야 할까?

- 시험이나 공부에 자신을 가지려면 어떻게 하면 좋을까?

이런 질문들은 그 답을 부모가 알고 있지 않아도 할 수 있는 질문입니다. 아이가 대답하는 것을 보면 시험 결과를 어느 정도 반성하고 대안을 생각하는지 눈치를 챌 수도 있지요.

시험 볼 때마다 아이와 대화를 나누면 아이도 부모도 점점 익숙해져서 아이는 자기가 무엇이 부족하고 어떻게 고쳐나가야 할지를 더 빨리 알게 되고, 부모는 아이가 성적이 안 좋은 이유가 파악 됩니다. 즉 아이도 부모도 메타인지가 높아졌지요.

부모는 그렇게 자신을 파악해 가는 아이를 칭찬해 줄 뿐 어떤 듣기 싫어하는 말도 하지 않습니다. 부모는 똘똘하고 머리 명석한 아이로 거듭나는 것을 어렵다거나 거창하게만 생각할 필요는 없습니다.

목표를 '지금보다 좀 더 나아지는 것'에 두다 보면 드디어 옛말할 때가 오지요. 조심할 일은 부모가 도와줄 때에는 아이가 답답하다 하더라도 윽박지르거나 비웃거나 낮추어 말하지 말아야 합니다.

그러면 오히려 아이의 성장을 방해합니다. 의사가 환자가 병에 걸렸다고 환자에게 화를 내지 않듯 부모는 아이의 의사임을 상기해야 합니다. 다 컸다 하더라도 부모는 언제나 아이 중심으로 생각해야 합니다.

덧붙일 말씀은 성적 문제에 관한 대화는 아이에게 스트레스를 주기 쉬우므로 자녀의 요구 수준에 맞추어 하는 게 좋습니다. 아예 공부와 담을 쌓는 아이도 있으니까 부모가 강압적으로 공부하라고 이끌어도 끝내 좋은 결과를 보기 힘든 경우가 많습니다. 진로의 방향이 공부 중심이 아니고 다른 것일 수도 있지요.

지금까지 메타인지를 높이는 대화에 대해서 말씀 드렸습니다. 그러나 어떤 대화가 메타인지 하나만이 높아지지 않기 때문에 부모는 아이와 많은 대화를 나누어서 전반적 사고력이나 두뇌 발달에 도움을 주는 것이 좋습니다. 다음 편지에서는 놀이 경험을 통한 메타인지를 높이는 방법에 대해서 말씀드리겠습니다.

2. 놀이가 만들어 내는 자각능력

아이를 똑똑하게 만드는 메타인지는 다양한 놀이 경험을 통해서 높아집니다, 놀이는 많은 시행착오를 겪는 과정이기 때문에 특히 또래들과 어울려서 놀수록 아이가 약아지고 똑똑해져서 상황 파악도 빠르게 합니다. 다양한 놀이 경험은 다양한 생각과 느낌을 갖게 하고, 정신 건강은 물론, 직관력과 판단력을 높여 줍니다. 아울러 창의성, 인성, 깨달음, 자아 확대 등 모든 면에서 똑똑함을 갖추게 하지요.

아이가 자신이 했던 판단을 되돌아보거나 반성하도록 하는 놀이의 예는 쉽고 흔합니다. 예를 들면 나무나 플라스틱으로 된 네모와 삼각 따위의 도형 장난감과 공을 갖고 놀이터로 나갑니다.

나무토막과 동그란 공 중 어느 게 미끄럼틀에서 잘 굴러 갈까 하고 아이에게 미리 물어봅니다. 아이는 나무토막이나 공 중 어느 한 쪽을 가리킬 것이고, 부모는 아이가 이를 확인해 보라고 미끄럼틀 위에서 아래로 직접 굴리게 합니다.

부모는 아이의 결정에 대단한 흥미가 있다는 듯 바라봅니다. 그런데 둥근 공은 잘 구르지만 각이 진 사각형이나 삼각형 등은 움직이지를 않습니다. 이 때 '어? 이것은 왜 구르지 않지?' 하고 아이에게 물어 봅니다. 아이가 대답을 하지 못하면 답을 가르쳐 주는 게 아니라 부모가 둥근 것과 모서리가 있는 것을 보이면서 어느 것이 데굴데굴 잘 구를까 하고 물어봅니다.

이 때 아이가 둥근 물체를 가리키면 모서리의 개념은 몰라도 구르지 않는 물체는 모서리가 있다는 것을 알게 된 것입니다. 놀이 전과 놀이 이후의 아이 판단력은 딴판이 된 거지요. 만일 모서리가 있는 것을 가리키면 구르지 않는 것을 다시 확인시킨 다음, 잘 구르는 동그란 형태를 다시 한 번 굴려 봅니다. 두어 번만 하면 대부분의 아이는 잘 구르는 것이 동그라미임을 인식하게 되면서 메타인지가 높아집니다.

집안에서도 이런 놀이를 할 수도 있습니다. 찰흙을 동그랗게 만들어서 또르르 굴려보고, 각이 진 형태로도 만들어서 굴려 봅니다. 잘 굴러가게 하기 위해서 아이가 직접 찰흙의 각을 없애고, 동그란 형태로 만들어서 굴려보게도 합니다.

부모는 새로운 발명을 해낸 것처럼 손뼉을 치면서 아이의 실험 정신을 칭찬합니다. 또한 구르는 물체는 구르면서 이동 거리가 생기는 것도 알게 합니다. 여기서 메타인지를 높이는 다른 놀이 하나를 소개합니다.

장면 1.

작고 큰 상자 20여 개를 내어놓고 상자로 탑 쌓기 놀이를 합니다.

-민성아, 여기 상자들로 누가 높이 쌓나 해 보자,

-민성이 키 만큼 쌓을 수 있을까?-아무 상자나 갖다가 네 마음대로 쌓아 봐, 부모하고 누가 더 높게 쌓나 보자.

-아, 민성이건 상자 탑이 넘어졌네. 엄마 껀 안 넘어졌는데 민성이껀 왜 넘어졌지?

민성이는 조그마한 상자를 밑에 놓고 큰 상자를 위에 올려놓았었지요. 그래서 큰 상자가 너 댓 개 올라가자 상자 탑이 중심을 잃고 옆으로 넘어졌습니다. 민성이는 순간 당황하더니 얼른 엄마가 쌓은 상자 탑으로 눈을 돌립니다, 그리고 큰 상자를 밑에 놓아야 하다는 것을 직관으로 알아냅니다. 이는 아이가 자신의 잘 못을 알고 수정하는 놀이였습니다. 이런 놀이 역시 아이의 메타 인지를 높이는데 도움이 되지요. 부모는 이렇게 놀이를 제공해서 아이가 스스로 직관과 통찰력을 기를 수 있게 할 수 있습니다.

장면 2.

-어질러진 장난감을 치우느라고 엄마가 힘들었어. 민성아. 엄마가 왜 힘들었을까?

-아, 민성이가 엄마가 왜 힘들었는지 잘 아는구나!

–어떻게 하면 엄마가 장난감 때문에 힘들지 않을까?

–그럼 엄마가 장난감 때문에 힘들지 않으려면 민성이가 어떻게 도와줄 거지?

–오, 놀고 난 다음 민성이가 제 자리게 갖다 놓는다고?

–아이고, 멋진 우리 민성이! 엄마하고 약속할까? 자, 약속…

자신 때문에 엄마가 힘들고 자신이 어떻게 하면 엄마가 힘들지 않겠다는 것을 알게 하는 대화입니다. 더불어 남을 돕는 일을 긍정적으로 생각하는 계기도 됩니다. 이와 같이 아이와 함께하는 일을 통해 아이의 메타인지를 높일 수 있습니다.

이런 일은 수 없이 많고 그 다양한 일이 반복 되면 커가면서 어느 사이에 더 똑똑하고 머리가 좋은 아이로 되지요. 따라서 부모는 놀이를 할 때 늘 아이의 두뇌를 자극하는 말을 생각합니다. 그런데 두뇌의 자극은 메타인지뿐 아니라 종합적으로 두뇌를 발달시킵니다. 다만 부모의 두뇌 계발 목적에 따라서 어떤 면에 좀 더 강조점을 둘 수 있겠지요.

이번 편지에서는 아이를 똑똑하게 기르는데 대해서 말씀을 드렸습니다, 똑똑하게 만드는 중심에는 자기가 한 일을 반성하고 수정해서 다시 실천하는 메타인지가 있음도 말씀드렸습니다. 어쨌든 아이가 똑똑하다는 것은 상황 파악이나 대안 마련의 실력이 좋고, 문제 해결력이 좋다는 뜻입니다. 아무쪼록 아이가 똑똑하고 반듯하게 장성해 자신의 꿈을 이루는 젊은이로 성장하기를 빌어드립니다.

열다섯 번째 편지

좋은 경험이
두뇌(IQ·EQ)를 좋게 만든다

놀이는 아이 두뇌를 개발하는 마술입니다. 아이는 마음
껏 놀고, 무엇이든 실컷 해 봐야 놀이 방법이나 사물의
이치를 나름대로 터득하면서 명석한 두뇌를 만들어 갑
니다.

머리가 좋고 나쁨은 타고난 것만은 아닙니다. 후천적으로 어떤 노력
을 하느냐에 따라 커다란 변수가 생기기 때문입니다. 경험은 제한적이
아니라 기대 이상으로 발달을 도모할 수도 있지요.

앞서 말씀드린 메타인지 향상을 위한 노력처럼 부모가 유아기부터
훈련에 마음을 써주면 명석한 두뇌로 발전할 수 있습니다. 그를 위해서
부모가 할 수 있는 몇 가지를 말씀 드리겠습니다.

1. 사물을 자세히 관찰하기

아이의 생각은 오감을 통해서 이루어진다는 말씀을 앞서 드렸습니다. 그 정보는 대부분 시각 정보임도 말씀 드렸고요. 시각 정보는 눈 뜨면 보이는 수 없는 상들이기 때문에 아이가 보기에 좀 특별하지 않으면 두뇌에 불이 켜 지지 않습니다. 그렇다면 아이가 깊은 인상을 받거나 놀랍게 보기 위해서는 평범한 사실이라도 깊은 인상을 느끼게 해 주는 방법이 필요하지요. 그것은 사물을 관찰하는 일입니다.

관찰은 사물의 생김새, 특징, 움직임 등을 집중해 보면서 관찰 대상의 특징적 성향이나 모습을 파악하는 것입니다. 따라서 관찰은 아이의 집중력과 직관력을 향상시키고, 관찰 대상의 비교됨에서 오는 유사하거나 차이점을 파악하면서 결국은 창의성뿐이 아니라 두뇌발달로 연결됩니다.

요즘 시중에는 연령 별로 관찰력을 기르는 그림책도 많이 나와 있더군요. 대체로 숨은 그림, 틀린 그림, 서로 다른 그림을 찾는 것입니다. 그러나 아이의 감성까지 기르려면 살아 있는 물체를 관찰해 보는 일이 더 흥미 있고 생생합니다. 창의성을 가진 아이로 기르자면 사물을 관찰하는 습관이 몸에 배도록 합니다.

여기, 부모가 만 네 살 된 아이와 관찰을 하는 예를 들어 봅니다. 책상 위에 작은 벌레 한 마리가 있습니다. 2개의 좀 긴 더듬이가 있고, 몸은 2cm 정도인 갈색의 벌레입니다. 다리는 6개인데 기어갈 때는 아주 빨리 움직입니다. 부모는 기어가는 것을 아이와 보고 있습니다.

"와, 어린 벌레가 빨리도 간다. 다리가 몇 개 달렸지? 다리가 참 빨리 움직이네."

"빨리 가서 세지 못하겠어요."

"아, 그래? 그럼 서 있을 때 세어 보자."

부모가 벌레의 앞을 손가락으로 가로 막습니다. 벌레는 가다가 서서 더듬이를 움직입니다.

"다리가 모두 6개에요."

"응, 맞아. 한 쪽에 3개씩 달렸구나. 몸이 무슨 색이지?"

"몰라요."

"이런 색은 갈색이야. 노랗지도 않고 검지도 않아. 민성아. 날개는 어디 있지?"

"날개는 없나 봐요."

"아냐. 이런 벌레는 날개가 있어. 등 양쪽 껍질 속에 있어. 만일 벌레를 공중으로 던지면 프르르 날아갈 걸?"

"그럼 던져 봐요."

"지금은 안 되지. 관찰해야 돼. 벌레가 지금 어디를 갈까?"

"아기 벌레니까 엄마한테 가나 봐요."

아이는 눈은 벌레에서 잠시도 떼지를 않습니다. 벌레가 기어가다가 갑자기 머뭇거리면서 긴 촉수를 사방으로 돌립니다.

"민성아, 지금 벌레가 무얼 하고 있지?"
"벌레가 서있어요. 더듬이를 빨리 움직여요."
"벌레가 더듬이로 무엇을 알아보고 싶은 걸까?"
"길을 찾나 봐요."
"그런가 보다."

벌레가 다시 기어가자 부모가 앞 쪽을 막으며 살짝 손톱으로 두드려 봅니다. 벌레는 '이게 무슨 소리지?' 하듯 움직임을 멈추고 섭니다. 이 번에는 더듬이도 가만 둔 채 상황을 살피나 봅니다.

"아, 벌레가 놀랐나? 가는 걸 멈추네. 봐, 더듬이도 움직이지 않잖아, 두려운 가 봐."
"무슨 소리가 나니까 무서운가 봐요."

아이는 더욱 집중해서 벌레를 봅니다. 잠시 후 벌레가 다시 움직이기 시작하자,

"아, 다시 가요!"

아이가 소리치 듯 말합니다. 이번에는 종이로 벽을 세워 벌레의 앞길을 막아 보라고 아빠가 말합니다. 그리고 파란 색종이 한 장을 줍니다. 아이가 벌레 앞쪽을 색종이로 막습니다.

벌레는 앞이 막혔음을 알고 잠시 탐색이라도 하듯 머리와 더듬이를 움직이더니 방향을 옆으로 돌려서 다시 기어갑니다.

"길을 막으니까 옆으로 가요."

"길이 막혀서 계속 가지 못하니까 돌아가는구나. 벌레도 사람과 같이 영리하지?"

"벌레도 생각을 하나요?."

"아마 그럴 거야. 민성이처럼 여러 가지를 똘똘하게 생각하지는 못하지만 자기가 살아가는데 필요한 만큼은 할 거야.아주 조금. 그런데 벌레가 어디를 가고 있을까?"

"어리니까 엄마한테 갈 거예요."

"맞아. 벌레도 엄마가 있을 거야. 벌레도 사람과 같다고 했으니까. 왜 사람 같다고 했더라?"

"길을 막으니까 돌아서 갔어요."

"맞아. 길이 막히니까 돌아서 갔지."

"민성아. 이 벌레를 보니까 무슨 생각이 나지?"

"벌레가 불쌍해요."

"아빠는 네가 무슨 생각이 나느냐고 물었어. 민성아."

"벌레가 불쌍하다는 생각이 나요."

"옳지. 아빠 물음에 대답을 올바르게 하는구나. 벌레가 불쌍하다고 생각하는구나. 그런데 왜 불쌍하지?"

"엄마도 못 찾고 돌아다니기만 하니까요."

"아빠도 그렇게 생각한단다. 얼른 엄마를 찾았으면 좋겠다."

이　때 부모가 엉뚱한 질문을 합니다.

"민성아. 우리 이 벌레를 잡아서 죽여도 괜찮을까?"

끔찍한 질문에 아이는 놀라서 아빠를 바라보더니 급하게 외칩니다.

"안 돼요! 죽이지 마요!"

아이는 생명이 무슨 의미인지 모르면서도 직관을 통해서 생명의 귀중함을 아는 순간입니다.

"우리 민성이가 어떤 대답을 하는지 알려고 한 말이야. 아빠도 죽이면 안 된다는 생각이니 걱정마라."

이 관찰에서는 관찰이라는 본래의 목적과 함께 아이의 느낌, 생각들이 나타나 있습니다. 더구나 아빠가 기겁을 하게 아이를 놀라게 한 물음은 생명을 존중하는 마음을 갖게 한 좋은 틀이었지요.

아이의 두뇌에는 관찰을 통해서 사물의 특징을 확인하고 느끼는 순간 불이 켜집니다. 불이 많이 켜질수록 깨달음과 생각의 확대로 두뇌가 좋아진다고 합니다.

무엇을 관찰하든지 부모가 동기만 만들어주면 아이는 흥미를 갖고 관찰에 몰입하게 되고, 그 관찰에서 어떤 느낌이나 생각이 나옵니다.

그것은 잠자던 아이 머리에 반짝 불이 켜지 면서 두뇌가 그만큼은 발달하는 순간이지요. 관찰 대상은 식물, 동물, 자연, 천체 등에서 아이 연령에 맞게 고릅니다.

부모가 필요한 설명과 질문을 곁 드려서 아이가 집중하도록 도와줍니다. 그런데 관찰에서는 감동스러웠거나 색다른 느낌을 받은 것이 있어야 성공입니다.

해가 넘어가고 깜깜할 때 불을 켜지 않으면 어둠 때문에 갑갑하고 불편함을 통해서 태양의 필요성을 실감한다든지, 다리 하나가 잘린 개미 한 마리가 빨리 기어가지를 못해서 낙오자가 되었지만, 다른 개미들은 관심 없이 그냥 지나치는 것을 아이가 어떻게 느끼는지 아이 마음을 알아봅니다.

관찰은 실물 관찰 이외에 영상 매체를 통해서도 할 수 있고, 사진을 통해서도 할 수 있습니다. 또 아이의 나이에 관계없이 가능합니다. 아이가 한 살 정도인 경우에도 딸랑이를 흔들거나 꼬마전구를 천정에 매 달아 놓으면 훌륭한 관찰 대상이 되지요.

만 6살 이상일 경우에는 눈을 가리고 손으로 사물을 만져서 그게 무엇인가를 맞춰보는 감각 관찰도 좋습니다. 만지는 물건은 생생한 느낌을 주는 식물성이나 귀여운 동물의 보드라운 털, 또는 밀가루 반죽 덩이나 찰흙 반죽을 만지도록 해서 아이 손에 느껴지는 감촉으로 사물의 속성을 알게 합니다. 이런 감각 훈련은 뇌세포를 자극해서 두뇌를 발달시키지요.

2. 경험의 보물창고, 책 읽기

아이는 유아기부터 영상매체나 책을 통해서도 세상에 눈을 뜹니다. 책은 비록 간접 경험을 제공하지만 아이에게는 무한한 경험의 보물창고입니다.

현실 경험은 일정한 때와 장소에서만 할 수 있지만, 책은 아무런 제약 없이 무한 세계의 경험을 제공하지요. 한 사람이 태어나서 죽을 무렵까지 일생도 잠시 동안에 볼 수 있는가 하면, 앉은 자리에서 세계를 여행할 수도 있습니다.

아이는 책을 통해서 상상력과 이미지 그리고 머릿속으로 전해오는 어떤 목소리까지 듣게 되고, 또 여러 가지 정서도 느낍니다. 따라서 책은 온갖 지식과 이야기가 있고, 인간과 동물, 식물 그리고 우주에 이르기까지 그들의 생생한 삶을 소개하는 안내자의 역할도 합니다. 어려서부터 독서를 함으로써 아이는 종합적 두뇌 개발을 할 수 있지요. 앞서 저는 두뇌가 좀 뒤지는 아이도 다양한 경험을 통해서 좋게 한다는 말씀을 드렸습니다만, 그 다양한 경험은 실제 경험이기도 하지만 대체로는 시간과 공간의 제약 때문에 힘든 면이 있답니다. 그 보완책으로서 독서는 부족한 데가 없습니다.

책을 읽으면 여러 정신 작용이 활발해 지고 사고력의 깊이도 생겨서 자연 두뇌가 좋아지게 되지요. 다만 이 경우는 계획적으로 아이에게 책을 선별해서 제공해 주고, 독서 방법을 한두 번 지도해 주면 훨씬 효과적입니다.

아이가 문자를 해득해서 스스로 책을 읽게 되면 책을 통한 두뇌의 발달은 급속해 집니다. 아무리 보아도 책에는 글자만 쓰여 있을 뿐인데 어떻게 아이의 두뇌를 발달시킬까요? 우선, 글자를 읽으면 책속에서는 목소리가 들립니다. 그 목소리는 책 속의 주인공이 누구냐에 따라서 다른데, 그것은 아이의 기억력을 효과적으로 돕고 정서도 환기시킵니다. 그리고 그 글자들은 아이로 하여금 사고하게 하고, 정서뿐 아니라 이미지, 지식 그리고 논리와 상상력, 판단력 등 두뇌 개발에 필요한 갖가지 요소들을 머릿속으로 전달합니다. 따라서 독서를 많이 할수록 그만큼 아이 생각은 폭과 깊이가 확대되고, 사고를 확장시킵니다.

따라서 부모는 문자를 모르는 시기에도 되도록 많은 책을 읽어주고, 문자를 해득해서 스스로 책을 읽을 수 있으면 다양한 독서 여건을 마련해 줍니다. 그리고 책을 읽고 난 후에는 느낌이 어떤지를 물어보고 아이의 정리를 도와줍니다. 책을 읽고 난 후의 질문은 아이가 마음의 부담을 느끼지 않고 쉽게 책 내용을 근거로 자신의 생각이 담긴 대답이 나오도록 유도합니다. 부모의 그런 도움은 이 다음 독후감을 쓰는 기초가 되지요. 토끼와 거북이라는 책을 읽었다면 다음과 같은 질문들을 해 볼 수 있겠지요.

'토끼와 거북이는 누가 더 빠르게 달릴 수 있지? 누가 먼저 목적지에 갈 수 있다고 생각했지?, 거북이와 토끼 중 누구를 칭찬해 주고 싶니? 토끼는 무엇을 실수했지? 그런 실수는 왜 하게 된 걸까? 민성이가 거북이에게 하고 싶은 말을 해 볼까? 토끼에게도 해 보자. 민성이는 앞으로 거북이 같은 사람이 되고 싶어 아니면 토끼 같은 사람이 되고 싶어? 그 이유는 뭐지?'

만일 아이가 어려워하면 부모가 답에 접근하도록 귀띔을 해서 도와줍니다. 아이에게는 고정된 주제의 책이 아닌 여러 가지 다른 분야의 책을 제공해 줍니다. 서점에 가면 유아기에 볼 책들이 많은데 되도록 활자가 크고 그림도 실감 있는 책을 고릅니다. 아이가 한글을 읽을 정도면 자연과학, 인문학, 물리학, 천체과학 동화 등을 소재로 한 다양한 그림책을 골라주고 설명은 부모가 합니다.

3. 의도된 경험이 사고력을 높인다

두뇌 발달의 요체는 생각과 느낌을 자극하는 것입니다. 성인과 달리 유아는 두뇌의 자극이 오감을 통해서 들어오는 느낌뿐이라서 생각을 할 수 있는 성인에 비해서 두뇌의 자극이 제한적입니다.

또한 아이는 똑같이 반복되는 경험이나 환경은 곧 식상한 느낌을 받기 때문에 늘 호기심과 흥미를 느껴서 두뇌에 자극을 받아야 머리가 좋아지지요. 따라서 부모는 항상 의도적으로 환경에 변화가 있도록 해 줍니다.

수동 장난감 자동차로로 놀았다면 어느 정도 지나서는 싫증을 내니까 자동으로 움직이는 것으로 바꾸어 줍니다. 스스로 움직이는 자동차는 생전 처음 보기 때문에 아이 머리에 불이 반짝 들어오겠지요. 그것이 심드렁할 무렵에는 배터리를 장착해 스스로 움직이는 자동차를 갖고 놀게 합니다.

그 다음에는 조립식과 자동식을 겸한 자동차를 주어 아이가 손수 자동차를 만들기도 하고 움직이게 해 두뇌를 다시 반짝거리게 합니다. 부모가 이런 의도적인 노력이 있으면 아이의 두뇌는 발전하게 됩니다.

여행의 경우도 변화 있게 하는 것은 마찬가지입니다. 놀이동산을 갔었다면 이번에는 자연환경이 있는 숲을, 시끄러운 관광지를 경험했다면 이번에는 농촌의 체험마을을, 산과 바다를 번갈아 가보고, 버스와 택시도 번갈아 타 보도록 합니다.

그러면 책은 어떨까요? 각기 다른 내용을 담고 있는 책은 스스로 읽든 부모가 읽어주든 다양한 내용은 아이의 느낌, 생각, 정서 등을 풍부하게 해 주기 때문에 사고력을 높이는 보물단지입니다.

부모가 책을 줄 때에도 천편일률적으로 주제가 엇비슷한 책을 줄 것이 아니라, 다양한 주제의 책을 선별해 주는 것이 아이 두뇌를 활성화

하는 데에 도움이 됩니다.

예컨대 심청전과 같은 효심이 주제가 된 책 다음에는 콩쥐 팥쥐나 청 개구리 이야기 같은 책을 주고요. 흥부와 놀부 책 다음에는 의좋은 형 제이야기 책을 줍니다.

이 때 유의해야 할 사항은 아이가 만 대여섯 살만 되어도 서로 상반된 주제에 대해서 가치관의 혼란을 겪을 수 있으니 반드시 읽고 난 다음에 는 부모와 대화를 나누어 의문이나 혼란스러움을 정리하도록 합니다.

그런 다음 부모와 함께 이미 본 책을 죽 펴 놓고 서로 주제를 비교하 면서 자신이 더 좋아하는 책을 고르고 그 이유도 말해 보게 하면 사고 력 신장도 좋지만 독서를 정리하는 방법으로도 좋습니다.

아이가 한글을 몰라 부모의 목소리를 통해 듣는 경우도 마찬가지이 지만 이야기도 단순하고 길지 않은 것이어야 아이가 어렵지 않습니다.

또한 아이의 두뇌는 전두엽이 빠르게 발달하는 신생아부터 초등학교 입학 전까지인데, 부모에게는 아이의 머리를 좋게 만들 수 있는 절호의 시기입니다.

승용차만 타다가 버스나 전철 또는 택시를 타면 아이는 또 다른 새 로운 세계를 느끼는데 그런 일상의 경험이 없으면 경험 이전의 느낌이나 사고에서 머물게 되지요.

따라서 부모는 거의 매일 가능한 아이에게 많은 경험을 제공하려고 바쁘게 움직여 줍니다. 마트에서 돈이나 카드를 낼 때에는 '여기 카드가 있어요, 여기 돈을 받으세요.' 하고 부모가 말하면서 카드나 돈을 아이

손을 통해 내게 합니다.

아이는 물건을 가져가면 돈을 주어야 한다는 걸 알게 되지요. 아울러 어른들께 인사도 시키고, 가벼운 물건은 아이에게 들립니다. 머리의 경험뿐 아니라 몸의 경험도 두뇌를 발달시키지요.

일상의 경험이란 같은 것 같으면서도 자세히 보면 비슷하기는 해도 판에 밖은 듯 꼭 같은 일은 몇 되지 않습니다.

'어제는 분홍 치약을 갖고 치카치카했지? 오늘은 이 하얀 치약으로 닦아보자. 향기도 다를 걸?' 일상이 작은 변화에도 아이는 큰 관심을 갖게 되니까 부모는 되도록 생활의 변화를 만들어 주어서 느낌이나 생각을 다르게 해 줍니다.

그런 일상의 작은 변화를 통하여 호기심과 흥미를 유발하고 관찰하는 것이 아이 머리를 좋게 하는 요체이기도 합니다.

4. 두뇌를 개발하는 마술, 놀이와 대화

놀이는 아이 두뇌를 개발하는 마술입니다. 아이는 마음껏 놀고, 무엇이든 실컷 해 봐야 놀이 방법이나 사물의 이치를 나름대로 터득하면서 명석한 두뇌를 만들어 갑니다.

아무리 간단한 놀이라 하더라도 그 놀이 속에는 생각과 느낌, 상상과 창의, 추리와 논리가 모두 들어 있고, 친구들과 어울려 놀면 친밀감과 리더십도 길러집니다.

또한 놀이를 통해서 삶이 즐겁고 재미있다는 인식을 갖게 되는데, 이는 성인 이후의 삶을 즐겁게 만드는 데에도 영향을 줍니다. 따라서 아이의 놀이는 더 놀아도 그만 덜 놀아도 그만인 오락의 개념이 아니라 두뇌개발을 비롯한 인성 형성과 건강 면에서도 아이의 일생을 관통하는 중요한 과정임을 기억하시기 바랍니다.

또한 부모와 나누는 대화는 아이의 머리를 좋게 하는 중요한 방법임을 이미 말씀드렸습니다. 생각의 발달은 언어를 통해서 이루어지기 때문입니다. 어떤 대화인가에 따라 생각을 하는 내용이 다르지만, 특히 만 여섯 살 전후의 아이와 나누는 대화에서는 아이의 생각을 자극해 주는 것이 좋습니다.

어떻게 하면 아이의 생각을 북돋울까? 어떻게 하면 흥미를 갖게 할까? 새롭게 느낄 수 있게 하려면? 재미있게 듣도록 하려면? 이런 생각을 하다 보면 그것이 습관이 되어 부모는 은연중에 자연스럽게 아이에게 말하는 기술이 늘어납니다.

이번 편지에서는 부모가 아이의 두뇌를 좋게 할 수 있는 길을 말씀드렸습니다. 그러나 이것이 결코 절대적은 아닙니다. 더 좋은 길은 부모의 지혜에서 나올 수 있습니다. 부디 명석한 머리로 자신의 일을 잘 헤쳐 나가면서 행복하게 사는 아이로 성장시키시기를 바랍니다.

최고의 교육은 '행복한 아이' 만들기

경쟁이란 삶이 계속 되는 한 이어지는데 남을 이겨야 성
공한다는 강박관념을 버리지 않으면 아이는 언제나 불
안하고 초조한 심리에서 벗어날 수 없습니다. 그것은 행
복감과는 정 반대입니다.

사람이 생존하는 목적은 행복이라고들 말합니다. 행복은 추상적이어
서 실체는 없지만 어쨌거나 사람들은 행복을 믿고 행복을 원하고 행복
을 위해서 삽니다. 만일 행복을 자기가 원하는 만큼 얻을 수 있다면 그
말을 믿을 수 있을까요?

순 엉터리 같은 이 말이 사실은, 사실입니다. 행복하다고 말하는 가
장 핵심이 되는 감정은 즐거움이나 기쁨 그리고 만족감인데, 그 즐거움
이나 기쁨, 만족감은 물결처럼 밀려왔다 사라지는 정서적 현상일 뿐이
고 이렇다 할 실체가 없습니다.

따라서 행복감이란 개인의 주관적 느낌이나 마음 상태에 따라 좌우되는 면이 다분합니다. 그러므로 행복은 개인이 만드는 마음이라 해도 과언이 아닙니다.

때문에 행복한 삶을 영위하기 위해 어려서부터 행복을 만들어 내는 훈련에 익숙한 사람은 남보다 더 행복하게 살 수 있고, 그렇지 않은 사람은 덜 행복할 것입니다. 또한 어려서부터 행복 훈련을 받은 아이와 그렇지 않은 아이는 성인 이후의 삶의 질에서 딴 판이 될지도 모릅니다.

행복감은 오늘, 지금의 느낌이지 미래의 느낌이 아니라는 것은 누구나 압니다. 아이도 마찬가지지요. 만일 아이의 미래의 행복을 위해서 현재의 행복을 유보시킨다면 그것은 아이의 행복 권리를 빼앗는 것이며 일종의 고문을 하는 것과 같습니다.

미래의 행복을 위해서 현재의 행복을 유보시킨다는 말은 어불성설인 이유는 지금의 행복을 빼앗아서 다음의 행복으로 옮긴다는 말과 같기 때문입니다. 그러나 시키는 대로 하면서 살아가는 어린 아이는 현재 누려야 할 행복이 유보되고 있는 줄을 모릅니다.

그래서일까요. 아이는 겉으로는 멀쩡합니다. 그러나 만 대여섯 살부터는 놀이가 발달하면서 다양한 장난감을 조작할 수 있고, 또래들과 어울려 노는 재미도 알게 되고, 놀이 방법을 바꾸면서 노는 재미에 빠지게 됩니다. 그러자니 시간이 많이 필요해집니다. 때마침 자아정체성에 눈을 뜨는 시기라 좋고 싫은 것에 대한 선택이 예민해 집니다.

하지만 아이와 달리 부모는 아이가 이해하고 알아가는 신통한 모습에 아이에게 요구하는 사항이 조금씩 어려워지면서 양도 늘어나기 시작합니다. 아이에게 그럴 능력이 있다고 생각하기 때문에 욕심이 생기는 것이지요.

그런 부모의 욕심은 화(禍)의 근원입니다. 여기서부터 아이가 발달하는 과정과 부모가 생각하는 방향은 어긋나게 되는데 아이는 스트레스가 쌓이고, 심한 경우는 소아정신과의 도움을 받아야 할 정도까지 됩니다.

그렇다고 부모는 힘들지 않을까요? 부모도 고집을 피우면서 자기 좋을 대로만 하려드는 아이를 이끌자니 애가 타고 스트레스를 받습니다. 일일이 하루 생활을 점검하면서 불완전한 아이를 완벽하게 만들자니 얼마나 신경 쓰이고 힘들까요.

양쪽이 모두 불행한 상태가 되는 듯합니다. 모든 부모가 그런 것은 아니지만 현재의 상당한 한국 가정이 그렇습니다. 특히 중산층 이상이 더 하지요. 하지만 아이가 순종적인 성격이라면 어찌되었든 부모와 아이의 관계는 무난해 보입니다. 그러나 아이가 자아를 찾으려 하는 자아회복지수가 높아지면 그 때는 무난한 상태는 끝날 가능성이 높아지지요.

사실 아이를 행복하게 키우고 싶지 않은 부모는 없습니다. 갓 태어난 신생아를 대하는 감동적인 순간, 부모의 기원도 바로 아이가 잘 자라서 행복하게 사는 바람이었지요. 그러나 대부분 부모에게는 그 소망이 마음에서만 자리할 뿐 표면 위로는 떠오르지 못합니다.

현실적으로 육아에서 행복을 만들어 내기가 어렵기 때문일 것입니다.

그러나 먹이고 입히고 재우는 기본 육아 이외에 그 현실은 누가 만들었을까요? 어쨌거나 본의 아니라도 부모가 만들었습니다.

그러나 육아 현실은 부모가 아무리 아이를 행복하게 하겠다고 마음먹어도 힘든 문제가 있지요. 아이가 원하지 않지만 시켜야 할 일이 있고, 원해도 하면 안 될 일이 있기 때문입니다. 훈육이 필요한 이유도 그런 것 때문입니다. 아이가 사람들과 더불어 살아가자면 훈육에 해당하는 일들은 싫어해도 반드시 가르치고 익숙하게 해야 합니다.

그러자니 아이와 갈등이 생기고, 아이와 부모 모두가 힘들어 지기도 합니다. 고집이 센 아이는 더 힘들고요. 아이를 야단치고 나면 부모는 내가 하는 육아의 방법이 옳은가 하는 회의까지 생기는데 이런 상황에서 아이를 행복하게 해 준다는 건 사치라는 생각이 들 수도 있겠습니다.

더구나 아이의 의식주라든가 건강 문제, 일상의 돌봄이나 사교육 문제 등 실생활에서 부모가 부딪치며 감당해야 할 일이 발등의 불이기도 합니다.

하지만 모든 부모가 그렇게 어려운 것만은 아닙니다. 부모가 육아에서 행복을 만들어 내기도 하니까요. 그 분들은 바로 제가 앞서 말씀드린 육아 원칙들을 잘 지켜나가는 부모들입니다.

반면 부모가 현실에 굴복하고 부모 중심의 육아를 하면 아이는 본래의 부모를 잃어버린 불행한 아이가 됩니다, 따라서 부모로서는 최선의 행복을 찾아 주려는 노력이 필요하지요.

이 때 중요한 것은 부모가 아이의 성장 목적을 어디에 두는가입니다. 미래의 부나 명예 또는 안정된 삶에 아이의 성장 목적을 둔다면, 그래서 당장은 아이가 힘들어도 해야 할 일 때문에 아이의 현재 행복은 유보할 수 있다고 생각한다면, 그런 기대를 이루기 위해 부모는 더욱 힘들게 육아를 해야 하고, 아이도 재미없고 불행한 유년시절을 보내야 합니다.

유아기 때 머리와 몸에 행복이 각인되면 어른이 되어서도 행복을 적극적으로 추구하는 삶을 살게 된다는 것은 이제 상식으로 알고들 있습니다. 행복이 일생을 관통하는 삶의 주제가 되는 시대입니다.

하지만 많은 부모는 부모의 입장에서, 즉 지금의 사회 현상을 기준해서 판단하는, 다시 말하면 현재의 시점에다 성인이 된 아이를 집어넣고 생각합니다. 아이가 사회에 편입되자면 적어도 수십 년은 더 있어야 하는데 많은 부모는 장차 일어날 사회의 변화를 계산하지 않습니다.

지금부터 이삼십년 전의 사회와 지금을 비교해 보면 사회발전이 얼마나 급속도로 이루어졌는지 알 수 있습니다. 이제 아이가 커감과 동시에 변하는 사회의 속도는 과거의 변화 속도보다 훨씬 더 빠르다는 것을 감안하면 아이가 성인이 될 무렵의 사회는 지금은 상상도 할 수 없는 시대가 된다는 예측은 어렵지 않습니다.

그런 불확실한 미래를 향해서 자라는 아이에게 줄 수 있는 부모의 최선의 선물은 미래 사회에 적응하도록 이끄는 노력입니다. 그러기 위해서는 아이를 행복하게 길러야 한다는 결론에 도달하지요.

행복하게 자란 아이가 미래 사회에서 적응력과 성공 가능성이 높기 때문입니다. 왜 그럴까요? 아이의 행복은 여러 요인이 충족되어야 비로소 행복이라 할 수 있는데, 그 요인들을 충족시키려면 아이가 미래에서 요구하는 전인(全人)적인 성장에 바탕을 두고 자라야 하기 때문입니다.

전인적 성장이란 지덕체(智德體)가 고르게 발달하는 성장입니다. 지적인 면과 덕성 그리고 건강을 골고루 갖추는 성장입니다. 육체적, 정신적 건강함이 뒷받침 되어서 사물에 대한 관심과 흥미, 낯선 일에 대한 호기심 그리고 도전정신과 성취감이 갖추어지고, 사람들에 대한 친밀감도 만들어 낼 줄 아는 사람은 지덕체를 고루 갖춘 전인적 사람입니다.

그런 것을 지향하는 육아를 해야 아이는 하고 싶은 일이 가득 차 있는 세상에서 행복한 삶을 바라보고 나아가게 됩니다.

이제 아이가 행복하자면 우선 무엇이 필요한지 대해 말씀 드리겠습니다.

1. 우선 부모가 행복해야 한다.

육아에 있어서 아이가 행복하고 즐거우려면 우선 부모가 행복하고 즐거워야 한다는 것은 분명합니다. 그래야 마음이 넓어져서 아이의 행동을 긍정적으로 받아들이고, 여유와 너그러움으로 감싸게 됩니다.

부모의 행복이란 일상에서 이런 평정심을 유지하는 데서 옵니다. 하지만 부모도 사람인 이상 아무리 아이가 귀하고 사랑스러워도 기분이 안좋거나 우울하면 자연 그 영향이 아이에게 갈 수 밖에 없지요.

부모는 갖가지 삶의 상황에서 부딪치는 일 때문에 때에 따라서는 아이에게 화를 내고 짜증도 내지만 그 후에는 자책감이 생기면서 내가 육아를 잘 하고 있는 것일까 하는 회의도 생깁니다. 다음은 아이를 키우면서 힘들어 하는 어떤 부모가 인터넷에 올린 글입니다. 아마도 많은 부모들의 사정이 이와 비슷하겠지요.

"요즘은 아이 키우기 힘들다는 말이 저절로 나오네요. 그전에는 그래도 아이 키우는 게 그리 힘들지 않은 것 같았는데 아이가 커가면서 점점 화낼 때가 많아지고 힘들어져요. 내가 아이를 잘 키우고 있는 건가 싶고, 아이에게 좋은 엄마가 되고 있나 싶고…. 아이가 커갈수록 훈육이 가장 힘들어지네요."

아이가 소중한 만큼 부모가 느끼는 육아에 대한 책임감도 크기 마련입니다. 엄마가 기분이 언짢아서 아이에게 불친절하거나 어두운 표정을 짓고 말투가 거칠면 아이는 부모의 감정을 읽으면서 불안해하고 두려워합니다.

부모의 태도는 아이에게 투사되기 때문에 아이 성격 형성이나 정서안정 그리고 행복감 획득에도 부정적 영향을 미치지요. 위의 예에서 부모는 훈육의 어려움을 토로했지만, 훈육을 별도로 하려면 육아가 훨씬 더 힘들 뿐 아니라, 한 번 가르쳤다고 아이가 금시 달라지지도 않기 때문에 몇 번이고 반복되는 데서 오는 스트레스는 만만치 않습니다.

훈육도 별도로 하기보다는 일상에서 아이와 좋은 관계를 맺으면서 아이의 잘못된 부분을 지혜로운 방법으로 깨우치게 하는 게 최선입니다. 부모와 아이가 친밀할수록 부모의 말은 아이에게 먹혀들기 때문에 잘못을 깨우치게 하는 일도 굳이 훈육의 개념을 들추지 않고도 힘들지 않게 할 수 있습니다.

아이가 약속을 어겼을 때에는 '지난 번 약속하고 왜 말 안 듣지?'하는 식으로 책망을 하거나 아이의 자존감을 무시하는 말을 하면 아이는 오히려 타성이 될 수 있으므로 책망보다는 격려로 다가갑니다.

"착한 우리 민성이가 안 그러는데 오늘은 엄마와 한 약속을 잊었네? 아, 재밌는 놀이 하느라고 그랬다고! 알았어. 그럼 치카치카는 언제 할 거야? 응. 지금 한다구. 와, 예뻐라. 민성이는 역시 약속을 지키려고 노력하는 어린이구나!'

대부분의 아이는 부모가 이렇게 순리대로 풀어주면 잘 따릅니다. 이렇게 몇 번하다 보면 아이가 스스로 습관을 들이지요. 습관이 들 때까지는 부모가 인내를 해야 하고 그 인내의 시간은 목표를 향한 즐거움의 시간이 되어야 합니다.

말이 쉽다고 하실지 모르지만, 애초부터 부모가 소리 지르며 어렵게 접근만 하지 않았다면 어렵지 않은 일입니다. 소리를 지르면 아이는 그에 적응이 되기 때문에 부모는 더 큰 소리를 질러야 먹혀들어 갑니다. 소리를 질러도 먹히지 않으면 이제 할 수 없이 사랑의 매도 대게 됩니다.

매는 절대적일까요? 매도 메커니즘이 있는지 절대적이지 않습니다. 결국 그런 상황은 아이가 자제력을 갖는 초등학교 입한 이후에나 끝날 가능성이 있지요. 그 동안은 부모도 아이도 행복하지 않습니다.

한편 부모는 아이가 말을 듣지 않는다고 했지만 그 말을 듣지 않는 일이 무엇인가를 살펴 볼 필요가 있습니다. 장난감을 어질러 놓았다든가 옷을 함부로 벗어 놓았다든가 물 컵을 떨어뜨렸다든가 아니면 화분을 망가뜨렸다든가 형제끼리 장난을 심하게 한다든가 하는 정도가 아닐까요?

부모는 그렇게 하는 것이 정상이 아니라고 생각해서 아이 행동을 돌려놓으려고 소리를 지르고 매도 대는 것이겠지요. 그러나 아이가 그렇게 하는 것은 정상이기 때문에 부모는 뒤처리만 하면 된다는 마음을 가지셔야 합니다.

때가 되면 아이는 그렇게 하라고 해도 하지 않게 되니까요. 이렇게 여유 있는 마음, 느긋한 마음, 열린 마음은 육아를 훨씬 쉽고 행복하게 한답니다.

이야기가 잠간 빗나갔습니다만, 아이를 기르는 부모의 행복은 어디서 찾아야 할까요? 육아의 어려움은 변함이 없고, 아이 행복은 마음에서만 맴돌 뿐, 부모는 우울해지기 쉽습니다.

그러나 부모의 행복은 그 육아를 빼놓고는 찾을 곳이 없지요. 부모는 육아가 힘들어도 금방 잊고 어디서인가 새로운 힘이 솟기 때문에 육아의 행복은 가능합니다. 그것은 아이에 대한 사랑에서 생기는데 부모의 사랑은 그냥 사랑이 아니고 진정한 사랑이라 그렇습니다. 세월이 흘러도 변색되거나 질량이 달라지지 않습니다. 깊은 가슴 가운데서 떠나지도 않는 보석 같은 사랑입니다. 다음은 무려 460년 전의 부모은중경(父母恩重經)이란 책에서 부모의 사랑을 말한 대목입니다.

'내 목숨이 있는 동안은 자식의 몸을 대신하기 바라고, 내 죽은 뒤에는 자식의 몸을 지키기 바란다.'

이 말은 자식에 대한 사랑의 진실을 감동적으로 나타내고 있습니다. 그 시대 부모들도 자식을 잘 키우고 지키기 위해서 안간힘을 썼는데, 그것은 천륜(天倫)이 주는 의무였고, 생명으로 맺어진 본능 때문이기도 했습니다.

사실 부모의 그런 본능적 사랑과 애착, 그리고 헌신은 그때나 지금이나 변함이 없지요. 오늘날 자아가 강한 젊은 엄마는 이런 말이 묵은 관념이라고 비판할지 모르지만, 그런 부모도 역시 아이를 보호하며 키워주고, 조건 없는 사랑으로 감싸는 거룩한 존재인 것만은 틀림없습니다.

천륜으로 만들어진 사랑은 세속적인 사랑과 달리 인위적으로 조작할 수 없고, 죽어서까지도 그 질량에는 변함이 없습니다. 그것은 부모된 사람에게만 있는 사랑인데 아이가 있음으로 해서 갖게 된 것입니다.

지상의 다른 어디에도 존재하지 않고, 오직 부모만 품고 있는 사랑!

그 사랑은 어떤 어려움도 극복하는 힘이 되는데, 어쩌면 그 사랑은 힘들여 자신을 지키며 키우는 부모에게 아이가 바치는 선물인지도 모릅니다.

아이를 행복하게 하기 위해서는 우선 부모가 행복해야 하고, 부모의 행복은 아이와 천륜과 생명으로 맺어지는 무한한 사랑에서 나온다는 말씀을 드렸습니다. 부디 육아의 어려움과 고단함이 있을 때 아이의 모습을 바라보며 평정심으로서의 행복을 찾으시기 바랍니다.

2. 부모가 꿈을 버리면 아이가 행복하다.

부모에게 중요한 일은 아이가 꾸는 꿈을 따라갈 것인가 아니면 부모의 꿈대로 아이를 이끌 것인가입니다. 이번 편지에서는 아이에 대한 부모의 꿈과 아이의 꿈에 대해서 말씀드립니다.

제 이야기 전에 아이들의 자유분방한 생활 교육으로 행복한 유년기를 제공하는 그 유명한 섬머힐의 한 교장선생님의 말을 먼저 꺼냅니다. '유년시절 행복했다면 무엇이든 할 수 있다.' 라고 한 말입니다. 이 말은 아이를 행복하게 기르는 것은 그만큼 현명하다는 뜻이고, 미래의 행복을 위해 현재 아이의 행복을 방해하지 말라는 뜻이지요.

유년시절에 불행하던 아이가 성인이 되어 현실적인 목적을 이루었다고 해서 행복한 삶을 누리는 것은 아니라는 뜻이 담긴 충고이기도 합니다.

그러나 많은 우리 부모들은 이런 견해와는 거리가 멀다고 생각합니다. 비좁은 나라에서 치열한 경쟁을 뚫지 않으면 살아남을 수 없다는 생각에 어려서부터 교육열을 불태우는 것입니다.

그 경쟁의 목표는 필경 좋은 대학이며 좋은 직장이고, 부의 축적이 아닐까 합니다. 그런데 그런 현실적인 목표에는 아이를 불행하게 만드는 복병이 숨어 있다는 것을 꼭 잊지 말아야 합니다. 그 복병은 부모가 아이에게 바라는 꿈을 대신 넣어주기 때문에 생기는 것입니다.

부모라면 누구나 아이에 대한 희망도 욕심도 꿈도 있습니다. 하지만 아이와 상관없는 희망을 강요한다면 문제는 달라집니다. 부모가 만든 꿈이 아이에게는 일종의 '일'이기 때문에 즐겁지가 않습니다.

자기 성향과는 거리가 멀어서 흥미나 재미도 없고 힘에 겹기만 합니다. 아직 어려서 자기 속내의 표현을 잘 못할 뿐, 아이 내면에는 부정적 감정과 스트레스가 무언 중에 쌓여갈 수밖에 없지요.

한국의 부모들은 아이의 성장 원리를 도외시 하는 경향이 다분합니다. 너무 극성스러울 정도로 아이 인생을 간섭하면서 아이의 모두를 책임지거나 대신 살아줄 정도의 정을 쏟습니다.

저 역시 처음엔 손자가 만 2살이 될 때부터 대부분의 부모처럼 조급한 마음으로 아이에게 온갖 관심을 쏟으며 아이 인생을 간섭하려 했답니다. 그러나 아이가 자신의 정체성을 찾기 시작하는 만 5살 무렵부터 저의 그런 욕심은 서서히 회의로 돌아섰지요. 제 기대나 계획은 아이를 힘들게 할 뿐, 정작 아이와는 상관없음을 알았기 때문입니다.

우리 주위에서는 유년기의 잃어버린 행복을 한탄하면서 과거를 원망하는 젊은이를 많이 볼 수 있습니다. 그 중의 한 사람이 천재 국악인으로 알려진 송소희 양입니다. 누구나 부러워할 정도로 성공했고, 자신의 꿈도 한껏 펼친 듯한데 실제 본인의 말은 의외였습니다.

그녀가 버스킹이란 TV프로에 나와 하는 말이 기억에 남습니다. 이 내용은 유튜브에도 있습니다. 어릴 적부터 부모님의 말씀에 따라 국악을 하게 되었는데, 자신이 국악이라는 틀에 갇히어 산 것이 불행하다고 생각해서 고등학교 때는 가출까지 했다더군요. 그러나 바꿀 수 없으면 받아들이라는 어느 분의 조언을 듣고 마음을 잡았답니다.

그녀가 강조한 핵심은 하고 싶은 일을 자유롭게 하면서 살아야 행복하다는 것이었습니다. 그렇지 않으면 남 보기에는 괜찮아도 자신은 그렇지 않다는 것이지요.

남 부러워할 정도로 그 분야에서 성공한, 누가 봐도 행복한 젊은이가 유년시절부터 국악밖에 몰랐던 자신의 인생을 후회하는 고백을 듣고 저는 깜짝 놀랐고 연민스러웠답니다.

그런데 그녀를 위해서 온갖 정성을 다했을 그녀의 부모는 이 말을 들으면 얼마나 마음이 아플까요. 그녀의 부모에게 무슨 잘못이 라도 있나요? 있다면 자식의 앞날을 열어주려고 일찍부터 손을 잡아 국악으로 이끌어 준 일밖에는 없지요.

그런데도 결과에는 할 말을 잃게 되었으니 참으로 답답하겠다는 마음이 들었습니다. 다행이도 소희 양이 지금은 국악과 함께 다른 종류의

음악을 접목시키면서 적극적인 활동을 하더군요.

우리는 여기서 아이의 행복이라는 육아의 큰 목표를 달성하기 위해서 부모가 해야 할 일을 다시 한 번 깨닫게 됩니다. 아이가 자아에 눈을 뜨는 서너 살부터는 아이에게 묻고 아이가 선택하게 하는 일이 일상이어야 한다는 교훈입니다.

육아에서 그렇게 이루어지면 부모와의 소통에서 문제가 없고, 아이가 가고 싶은 길이 자연스럽게 선택되겠지요.

아이는 현재가 아닌 한 세대 뒤의 존재입니다. 더구나 눈만 뜨면 어지럽게 변하는 세상인데 수십 년 뒤의 아이를 지금의 잣대로 재단을 하면 필경 어긋나는 치수 때문에 아이에게 맞지 않는 옷을 입히는 격이 될 수밖에 없습니다.

그렇다면 길은 하나, 부모가 고집대로 강요하지 않고, 아이가 원하는 일을 도와주는 것입니다. 아이가 그렇게 가는 길에는 우열이 없습니다. 우열이 있다고 생각하는 데서 비극이 생기지요.

어느 것 하나 귀하지 않고 의미 없는 일은 없고, 또 어느 일이든 성공만 하면 돈과 명예가 따르는 세상이기도 합니다. 제 말씀은 부모가 열린 마음을 갖고 있으면 부모나 아이 모두 행복할 수 있다는 말씀이기도 합니다.

이 편지에서는 부모가 갖고 있는 아이에 대한 기대나 꿈을 우선하지 말아야 아이를 행복하게 할 수 있고, 부모도 행복할 것이라는 말씀을 드렸습니다.

혹시 아이가 실망스럽다 하더라도 '사람은 열 번 된다'는 속담처럼 아이에게는 미래가 있을 뿐 부모를 위해서 태어난 존재는 아니라는 대범한 마음으로 아이가 좋아하는 것을 밀어줍니다.

그것이 천륜으로 맺어진 부모로서 할 일입니다. 그래서 부모는 자신을 버리고 아이의 삶을 행복으로 이끄는 천사이기도 하지요.

3. 부모가 화를 안내면 아이는 행복하다.

앞에서도 강조한 부분입니다. 화를 내지 않고 어떻게 아이를 기르느냐고 되물을지 모르지만 분명 화를 내지 않고 아이를 기르는 부모가 있으니 아이에게 화를 내지 않는 것은 가능한 일입니다.

완벽하게 화를 내지 않을 수는 없을지라도 부모의 의지에 따라 90%나 80%, 그것도 힘들면 30%는 분명 화를 줄일 수 있지요. 화는 일종의 버릇이기 때문에 지금보다 조금이라도 화를 덜 내는 목표를 세우고 버릇을 고쳐나가면 화는 차츰 줄어들고, 나중에는 화를 내지 않고 아이를 다루는 전혀 다른 부모가 됩니다.

대체로 화를 낼 때는 아이가 말을 듣지 않을 때입니다. 부모는 당연히 말을 들어야 한다는 생각이지만 아이는 당연히 부모 말 대로 하기가 싫지요. 왜 이런 차이가 생길까요?

우스운 말이지만 차이가 생기는 가장 큰 이유는 부모와 아이의 나이 차이가 있다는 것입니다. 부모와 아이의 나이 차가 이런 입장의 차이를 만들지요. 부모는 인생의 원리를 알 만큼 아는 나이지만 아이는 전혀 그렇지 못한, 자기밖에 모르는 나이입니다.

이 숙명적인 차이를 어떻게 하면 극복하면서 문제를 해결할까요? 그 것은 부모가 아이의 나이가 되는 것입니다. 나이를 낮추면 아이를 더 이해하게 되고 화도 훨씬 더 내지 않게 됩니다.

부모가 터무니없는 일조차 이해함으로써 문제는 풀리고 화는 사라지게 됩니다. 알고 보면 나이를 낮추는 마음은 바로 사랑의 마음이기 때문에 문제가 풀리게 되는 거지요.

한편 아이가 부모에게 대 놓고 떼를 부리거나 말을 듣지 않는다면 평소 부모에게 불만스럽다든지, 그런 불만이나 불쾌함을 습관적인 떼로 표현한다든지, 엄마한테는 떼를 부려야 자신이 원하는 것을 얻을 수 있다든지, 그것도 아니면 무조건 거부감이 든다든지, 어떻든 무슨 이유가 있을 것입니다.

다음의 보기는 야단을 치는 부모에게 반기를 든 아이의 허구적 이야기입니다.

아이가 동생의 장난감을 강제로 빼앗아서 동생을 울립니다. 주방에서 일을 하던 엄마는 아이에게 화를 냅니다.

"그러지 말라고 말했잖아! 그런데 왜 자꾸 동생의 것을 빼앗는 거야? 네가 갖고 노는 걸 누가 빼앗으면 좋겠어?"

그런데 아이가 말대꾸를 합니다.

"엄마는 나보다 동생에게 장난감을 더 주잖아요. 그래서 나도 갖고 싶어서 빼앗았어요."

하지만 엄마는 아이 말을 반박합니다.

"민오는 네 동생이잖아? 너보다 더 어리니까 도와주어야 한단 말야! 동생에게 장난감을 주는 걸 네가 기분 나빠하면 돼?'

뭐, 이렇게요. 그러나 내킨 김에 아이도 지지 않습니다.

"동생은 3살이지만, 나도 5살 밖에 안 되었어요. 나는 아직 참지 못하는 나이란 말에요. 옳고 그른 것은 내가 10살이 넘어서 따지세요. 나는 내 나이에 맞는 행동을 하고 있어요. 엄마는 왜 나를 이해하지 못하죠? 동생에게 하듯 해주면 나도 행복하잖아요?"

"너 하나도 지지 않고 엄마한테 말대꾸야? 종아리 좀 맞아 볼래?"

"엄마는 불리할 때는 종아리 때린다고 하잖아요? 비겁하게요!"

웬 일인지 부모가 약간 기가 죽습니다.

"어쨌거나 한 번만 더 동생에게 그래 봐라. 더 혼낼 테니."

아이고, 말다툼이 끝나지 않습니다. 결국 아이는 부모의 마음을 바꾸게 해 달라고 소송을 걸었답니다. 어떤 판결이 나올 것 같습니까? 아이 책임을 100%로 돌리는 판결이 나올까요? 아닙니다.

판사는 아이 말에 일리가 있다고 여깁니다. 그래서 부모에게 앞으로는 다섯 살 아이를 좀 더 이해하고, 야단보다는 아이 마음을 사면서 아이 행동을 긍정적으로 보라는 권고를 합니다. 그래서 아이가 승소를 합니다.

만 대여섯 살 정도가 되면 아이는 독립적 개체로 분리되면서 칭찬을 받으면 자신감이 커지고 창조성도 더 높아집니다. 반대로 야단을 맞게 되면 자신감이 없어지고 창의성도 커지지 않습니다.

야단을 자주 맞으면 아이의 성격이 소심해지고, 자신을 쓸모없는 존재라고 부정적으로 생각하게 되고요. 눈치를 보거나 열등감이 생기고, 아이 자신도 모르는 분노가 쌓이게 됩니다.

따라서 이 시기에는 잘못이나 미운 짓을 해도 부모는 야단이나 화를 내기보다 오히려 아이가 자존감이나 자신감을 잃지 않도록 다독여 주어야 합니다.

또 하나는 부모가 아이에게 완전할 것을 기대하지 말아야 합니다. 부모는 아이가 한 짓을 보고 실망할 때가 많은데, 이 경우도 아이에 대한 기대가 높기 때문입니다.

아이는 늘 시행착오 속에서 살고 있지요. 온전할 때까지 부모가 몇 번이고 반복해서 이끌어 주는 게 당연하지만 '내 아이가 저 정도밖에 안되다니!' 하는 실망감이 화를 불러오는 경우가 많습니다. 학습이건 놀이건 심부름이건 동생과 어울림이건 아이의 행동은 언제나 불완전함을 부모가 뇌리에 넣어두고 있어야 화도 덜 나고, 아이도 행복해 질 수 있습니다.

하지만 아이가 반드시 지켜야 할 일을 지키지 않거나 말도 없이 떼를 쓰는 것은 행동수정이 이루어져야 합니다. 아이가 화를 내고 떼를 쓰는 것은 단순히 하기가 싫거나, 만족을 얻지 못해서입니다.

이 때에 부모가 생각이나 방법을 돌려서 동기를 유발시키든가, 나이를 낮추어 아이와 눈높이에 맞추면 머잖아 아이도 역시 생각을 바꾸고 부모 마음에 들어옵니다.

어쩌면 부모가 화를 내는 게 성격에서 오는 원인일 수 도 있으므로 우선 스스로 자신의 태도를 돌아볼 필요가 있습니다.

한편 아이를 위해 부모는 일상에서의 평정심이 유지되어야 합니다. 아이가 잘하면 기뻐하고, 잘못이나 실수가 있으면 위로하고 격려하여 안정감을 주는 일관된 태도가 부모의 평정심입니다.

치밀어 오르는 화가 있다면 이를 막아야 평정심이 유지 되는데 평정심이 없으면 감정의 기복에 따라 일관성 없이 아이를 대하게 되니까 아이는 그런 부모에게서 안정감을 느끼지 못하고 불안해질 수밖에 없습니다.

그런 아이는 칭얼거리거나 우는 시간이 많고, 웃음보다는 울음을, 또렷한 말보다는 웅얼거릴 때가 많습니다. 안정감으로 아이를 대하지 못하는 부모는 아이의 마음을 헤아리기보다 책임을 아이에게 돌리며 화를 내거나 냉정하게 대하지요.

육아는 매사 아이 중심으로 이루어져야 합니다. 그래야 화도 사라집니다. 아이 앞에서 부모가 내 주장을 할 일은 별로 없습니다.

4. 놀이에 만족하면 아이는 행복하다.

아이의 놀이는 대게 기어 다닐 수 있을 때부터 시작 됩니다. 자기가 가고 싶은 방향으로 기어가서 흥미와 관심이 있는 물건을 만지고, 흔들고, 두드리고, 입에 넣어 보기도 합니다.

간신히 진열대를 잡고 일서서 손에 닿는 물건을 끌어당겨서 이리저리 살펴보기도 하지요. 행동은 단조롭지만 바야흐로 웅대한 미래를 시작하는 탐험입니다.

아직 백지와 같은 아이의 두뇌에는 그 탐험의 결과가 오색의 무늬로 채워지고, 두뇌가 발달하면서 무릇 동물들과는 달리 현명하고 지혜로운 명실상부한 호모사피엔스의 일원으로 성장의 길을 내딛기 시작합니다.

그리고 커가면서 수많은 시행착오와 함께 좀 더 복잡하고, 놀랍고, 흥겹고, 힘이 샘솟는 다양한 놀이를 알고 선택하면서 진화합니다. 놀이가 아이에게 행복을 주는 비밀은 바로 이런 것이지요.

놀이만큼 아이의 마음을 사로잡는 것은 없습니다. 0~3세 정도라면 부모와 노는 것이 즐겁고, 4세 이후라면 또래들과 어울려 노는 것을 즐거워합니다. 놀만한 일이 있을 때는 혼자 놀아도 즐겁습니다.

인생은 늘 다른 누구와 함께 할 수 없기 때문에 혼자서 놀게 하는 일도 중요한 훈련입니다. 아이의 놀이는 성장에 필요한, 거의 모든 필수 요소가 들어 있는 종합 선물입니다.

놀이를 통해서 배우고 깨우치며, 타인과의 소통과 협력, 창의성과 상상력이 높아가는 것은 물론, 신체 영역, 사고 영역, 정서 영역, 사회 영역, 언어 영역이 놀이로 발달하기 때문입니다.

상식적으로도 어려서 자유분방하게 놀며 자란 아이는 자신의 생각을 놀이로 발휘해 보고, 하고 싶은 일을 관철하는 경험을 통해서 삶에 도움 되는 어떤 기본기를 터득했을 가능성이 높습니다.

또한 놀이를 통해서 느끼는 즐거움을 자신의 두뇌에 견고하게 저장해 둡니다. 그 유년시절의 즐거움은 어른 이후로고 생생하게 느껴지지요.

어른은 그런 놀이를 '논다'라고 표현하지만 아이에게는 '논다'라는 개념이 없습니다. 어른은 일의 상대개념으로 '놀다'라고 말하는데, 아이는 일이 없기 때문에 '놀이'가 일입니다.

그렇기 때문에 어른이 되어서도 놀이의 느낌으로 일을 할 수만 있다면 행복한 사람입니다. 직업에 대한 성향이나 적성을 중시하는 그런 맥락에서 이해될 수 있지요.

또한 부모는 아이가 놀이의 자유를 마음껏 누리도록 환경이나 분위기를 조성해 주어야 구김살 없이 성장합니다. 이런 말을 하면 대부분 부모는 '누가 아이 놀리기 싫어서 못 놀리는 줄 아세요?' 하고 답답하다는 듯 말합니다.

우리의 현실은 유치원이나 어린이집에서부터 확실하게 출발시켜야 이후로도 아이가 경쟁력을 갖추게 된다는 생각 때문이지요. 충분히 이해가 가고 저도 손자를 키울 때 수없이 고민했던 일이었습니다.

그러나 아이의 행복을 위해 우리 자신에게 질문을 해 볼 필요가 있습니다. 현실에 맞추는 그 길이 옳은가 하는 질문입니다.

이 문제는 앞서 드린 편지에서 여러 번, 신기루 같은 미래의 행복을 잡고 싶어서 현재의 아이 행복을 유보할 수밖에 없다는 생각은 옳지 않다는 말씀을 드렸습니다.

여하튼 아이와 부모라는 팀워크가 견고해야 성장의 에너지가 솟아나고 집안도 행복하고 미래도 밝습니다. 아이의 놀이 속에는 그러한 신의 선물이 가득 들어 있음을 기억해주시기 바랍니다.

5. 아이를 놀리기 불안한 부모들께 드리는 편지

아이를 놀리기가 불안한 부모께 드리는 편지입니다. 요즘 많은 부모는 놀이의 긍정적 효과를 믿고 받아들이면서 유년기의 행복을 놓치지 않으려는데 초점을 두고 육아를 하지만, 대부분 부모는 아이가 노는 시간이 아까워 그 시간에 사교육을 받게 하지요.

사교육이 아이에게 더 유익하다고 생각하기 때문입니다. 내 아이만은 실컷 놀리면서 부담 주지 않고 행복하게 기르고 싶다던 엄마까지도 그 결심은 해프닝으로 끝나는 수가 많습니다.

아시다시피 우리나라는 사회의 전반적 분야에서 강한 경쟁을 수십 년간 지속해 왔기 때문에 입으로는 세상의 변화를 외치면서도 교육은 수십 년 동안 유지해 온 단순한 경쟁 구도에서 벗어나지 못하고 있습니다.

지금까지는 몇몇 대기업만 믿고 있었지만 조선업이나 자동차 산업 그리고 관광 산업이 휘청거리고, 출산율이 끝없이 낮아지면서 안일하게 있다가는 도저히 생존할 수 없는 사태까지 도래할지도 모른다는 우려가 커지고 있습니다.

한편, 세상은 더 똑똑해지고 더 다양해지기 때문에 육아나 교육을 일일이 거기에 맞추자면 더 힘들어집니다. 그런데도 역설적인 것은 그렇게 진화하는 세상일수록 육아는 그와는 반대로 해야 한다는 것입니다. 여유 있게 그리고 세상 돌아가는 일보다는 아이 중심으로 길러야 한다는 것이지요.

그래야 아이가 원하는 삶을 이룰 가능성이 더 높다는 것입니다. 이 말은 세상이 아무리 바뀌어도 기본만 충실하면 그 바뀐 세상에 적응하기는 그리 어렵지 않다는 뜻입니다.

기본에 충실하다는 것은 앞서 말씀 드렸듯이 아이를 아이답게 키운다는 것이고, 육아의 기본 마음이나 주인공 되게 하기, 똑똑한 아이로 키우기, 메타인지 높이기, 행복한 아이로 기르기 등 제가 드린 편지의 대부분은 기본에 해당하는 내용이었습니다.

부모는 육아에서는 아이를 놀게 하는 뚝심이 필요합니다. 다른 부모를 따라가려는 약음보다 뚝심이 있으면 추진 에너지가 강하고, 그 추진 에너지는 성공 확률을 높입니다.

그렇다고 1년 365일을 놀리면서 기초 교육조차 무시하라는 말은 아닙니다. 아이를 섬나라에 두듯 소외시키라는 말도 아니고요. 모든 엄마들이 원하는 좋은 대학이나 좋은 직장도 포기하라는 말도 아닙니다.

아이가 원하고 부모도 원한다면 그것이 왜 나쁩니까? 놀 시간을 빼앗아서 선수학습을 시키는 학원에 무작정 보내고, 아이가 거부감을 느끼면서 어려워해도 그것을 큰 일로 생각지 않는 일방적 밀어붙이기 식은 불행을 자초한다는 말씀이지요.

이렇게 말씀드리면 '그럼 아이가 좋아하는 공부가 어디 있느냐' 하시겠지만 , 그러면 좋아하는 '공부'가 아니라, '좋아하고 관심 갖는 것, 아니면 놀이를 시키세요. 그러면서 기초 학습은 틈새 시간에 조금씩 흥미 위주로 하세요."라는 말이지요. 제 말 대로 한다는 게 쉽지는 않지만 불가능한 일도 아닙니다.

부모가 아이의 잠재 능력을 도외시하고, 반 강제로 시키는 공부나 어떤 것에 계속 치중했다면, 아이는 언젠가는 자기 삶에 대한 부정적 인식을 갖고, 그 길은 자신이 찾을 행복이 아니었음을 알게 되면서 부모를 원망할지 모릅니다. 주위에서 깊은 대화를 나누어보면 그런 젊은이들이 많은 것이 현실이니까요.

또한 꿈을 지향하면서 장차 돈이나 명예나 권력을 얻고 싶다는 바람에 집착하지 말아야 합니다. 그런 기대가 전제 되면 마치 시험 시간에 잡념이 들어서 시험을 망치듯, 아이의 순수한 집중력과 몰입에 방해되기 때문입니다.

지금은 아이가 성공하면 그런 부와 명예는 부수적으로 따라붙는 세상이기도 하고요. 더구나 개인 간의 자유 경쟁이 보장되어 있는 사회이기 때문에 성공의 관건은 자신이 성향대로 선택 한 길을 어떻게 달려가는가에 달렸습니다.

따라서 부모는 대다수 사람이 흔하게 몰리는 경쟁의 길로 아이를 몰아세우기보다 아이만이 선택할 수 있는 자신의 길을 찾도록 해야 두려움 없이 자신의 인생에 기대를 걸게 됩니다.

가슴 아픈 기사입니다만, 최근 6년간 초·중·고 학생의 자살 수는 전체가 2017년까지 451명인데 놀라운 일은 그 중·초등학생이 5명도 포함되었다는 사실입니다.

2017년에는 초등학생 자살 시도가 36건인데 1~3학년이 4명이라는 경악할 일도 있습니다. 이런 일은 어릴 때부터 학습부담에서 오는 스트레스가 많고, 맞벌이 가정인 경우 부모와의 소통 시간이 부족하다는 것이 특징으로 나타났습니다.

더구나 스마트 폰을 통해 자살 콘텐츠에 그대로 노출되는 환경이다 보니 감수성이 예민한 아이들은 현재의 우울이나 불안감, 분노를 해소하기 위하여 단순한 마음으로 선택한다는 것입니다.

물론 이런 아이들은 전체의 극소수에 불과하지만 극단의 길을 선택한 그 아이들이 의미하는 바를 남의 일로만 볼 게 아니라 모두가 심각하게 반성할 필요가 있습니다. 환경이 같으면 아이들의 느낌도 비슷하니까요.

어쨌든 부모는 지금 어리고 귀여운 아이의 얼굴만으로 아이를 보지 말고, 다 자란 아이의 얼굴을 포개서 보아야 합니다. 유아기의 아이가 청소년기를 지나 성인이 되는 시간은 생각보다 길지 않습니다. 어쩌다 보면 초등학교 입학하고, 그게 어제 같은데 중학생이 되지요. 중학생에서 고등학교 진학은 눈 깜짝할 사이입니다.

어느새 성년이 되면 부모에게는 아이의 유년시절의 일이 바로 어제처럼 느껴지고, 만일 유년시절에 아이에게 잘못한 일이 있었다면 바로 어제의 일처럼 생생히 살아서 부모 마음을 아프게도 한답니다.

시간이란 어쩌면 회전문처럼 빙글빙글 돌면서 순식간에 다시 돌아오는지도 모르겠습니다. 지금까지 드린 제 말씀이 아이를 놀리기가 두려운 부모에게 조금이라도 도움이 되기를 소망하면서 고언(苦言)을 드렸습니다.

6. 놀이도 공부고 교육이다

다음은 한글 자모를 배울 때 아이가 하기 싫어해서 제가 꼼수를 부린 일을 쓴 육아일기입니다. 목적도 없이 매일 아이를 놀리기만 하는 게 아니라 적기에 필요한 기본학습을 시켜서 초등학교에 입학시키는 것이 어쩔 수 없는 우리나라의 실정이지요. 그 과정에서 자칫 아이의 행복을 빼앗을 수 있기 때문에 가르치는 것도 놀이화하거나 실물화하면 재미있다는 것을 보여드리기 위해서 이 날 일기를 그대로 옮겼습니다.

숫자, 한글 공부

너는 숫자 놀이는 좋아하지만 한글 쓰기는 별로 좋아하지 않지. 어제 는 오후 내내 숫자 카드를 방바닥에 늘어놓고 밟으면서 더하기 연습을 했단다. 너는 그게 공부인 줄도 모르고 이마에 땀이 밸 정도로 몰입했 었지.

1부터 10까지 카드에 숫자를 쓰고, 그 수를 이루는 경우의 수, 5라 는 카드가 나오면 1+4, 2+3, 3+2, 4+1, 5+0, 0+5의 카드를 누가 많 이 찾나 하는 게임을 한 거야. 1~10에 해당하는 경우의 카드를 만들어 서 섞어서 뿌렸더니 거실 바닥에는 카드가 가득했지.

이긴 사람이 진 사람 명령을 따르기로 한 게임이라 너는 어떻게든 이 기려고 작정하더구나. 하하. 결과는 네가 네 번 할아버지가 두 번 이겼 지. 그래서 할아버지는 네가 하는 명령을 따라 엉덩이 이름 쓰기를 했 는데 너는 그걸 보고 깔깔대며 마음껏 웃더구나.

어제는 그렇게 재미있게 했는데 오늘 한글 배우는 건 영 싫어했지. 넌 좌뇌 성향이 강해서 숫자는 좋아하고 한글을 싫어하나봐. 암기하는 것 은 더더구나 싫어하지. 오늘 한글 모음을 익히는 날인데 당연히 네가 싫다고 할 줄 알고 할아버지가 연극을 했단다. 평소에는 '성민아 노올 자!'하고 늘어진 목소리로 부르면 너는 . '나도 알아요. 한글 공부하자 는 거. 나 안 놀아' 한단다.

"민성아. 한글을 쓸 줄 모르면 이담에 할아버지가 미국 고모할머니 댁에 갔을 때 할아버지한테 편지를 못 쓰잖아? 할아버지는 맨 날 맨 날 네 편지를 기다릴 텐데…"

'할아버지, 놀이터에 같이 가서 놀고, 자전거도 타고, 물가에도 가고, 또 엘리베이터 놀이도 하고, 술래잡기도 하고 싶어요. 할아버지 보고 싶어요. 빨리 오세요.'

이렇게 써야하는데 글자를 모르면 아무것도 못 쓰지. 그러면 너는 환준이한테 가서 써 달라고 부탁해야 돼.

'환준아. 나 한글을 못 써서 너한테 편지 씨 달라고 부탁하러 왔어. 나 편지 좀 써 줄래?'

그러면 환준이는 아마 이렇게 말할 걸?

'왜 나보고 써달라고 해? 너도 한글 배워서 써 봐. 하하하. 민성이는 아직 한글도 못 쓴 대요.'

이렇게 말해도 괜찮아? 할아버지가 한참 연극을 했더니 딴전을 부리면서 가만히 듣고 있던 너는 책상 앞으로 다가 앉더니 '아'자와 '우'자를 소리 내어 읽으면서 순식간에 한 장을 써 놓더구나.

너는 단어 중심으로 한글을 배우지 않고 옛날 한글을 배우던 반절법이라는 방법으로 자음과 모음을 먼저 배우고 있단다. 한글을 아는 데는 그게 더 효과적이라고 생각해서지.

너는 할아버지가 미국 가면 꼭 편지를 써야겠다고 생각했나 봐. 사실 캐나다 이모할머니에게 한번 방문하겠다고 말은 했지만, 구체적인 계획은 아직 없단다.

"아이구, 우리 민성이가 쓰려고 하니까 이렇게 잘 썼네. 오늘 쓴 건 모두 합격, 합격이야! 딩동댕!"

그런데 할아버지 칭찬에 너는 갑자기 진지한 얼굴이 되더라.

"나 아까 할아버지 미안하게 했어요. 실수하구요."

그러면서 울먹이는 거야. 한글을 잘 쓰지 않아서 할아버지 속상하게 한 것이 미안하고, 그건 일부러 그런 것이 아니고 실수였다는 뜻이구나. 너의 울먹임에 순간 의아해 했지만 할아버지는 네 마음을 얼른 알아냈 지. 순간 너를 품에 안고서 말했단다.

"아냐, 민성아. 이거 봐. 한글도 참 잘 썼다. 어제는 숫자 놀이도 잘 했잖아. 시계도 잘 보고! 할아버지는 우리 민성이가 이거야 이거!"

양 엄지가락을 힘차게 세워 보였다. 그런데 뜻밖에 할아버지는 눈물 이 핑 돌더라. 할아버지도 너와 떨어지는 게 있을 수 없는 일이란다. 그 런데 언젠가는 너는 네 갈 길을 가야하잖니.

🥄 10월 1일(55개월)

브르너 박사 만세!

아직 시계 볼 줄을 몰라서 컴퓨터의 시계보기 게임에서 자꾸 잘못하 더구나. 그래서 시계 보는 법을 가르쳐주고 싶었지. 시계를 갖다 놓고, 시계는 큰 바늘과 작은 바늘이 있다는 것과, 그것이 각각 시와 분을 가리킨다는 것을 알려주었단다.

그런데 중간에서 할아버지가 화를 내는 바람에 판이 깨지고 말았지. 할아버지가 하는 말을 한 귀로 들으면서 엉뚱한 짓을 하고 또 엉뚱한 대답을 해서 그랬어. 몇 번 반복해서 가르쳐 주었는데도 시와 분도 잘 구분 못하더구나. 큰 바늘이 2에 와 있으니까 10분인데 2분이라고 하고 말이다.

"민성이 바보 아냐? 바보니까 그런 것도 모르지."

너는 할아버지한테서 바보라는 말을 오늘 처음 들었지. 늘 칭찬만 받던 터라, 네가 무엇을 바보라는 말은 충격이었을 거야. 할아버지는 솔직히 네게 그런 낭패감을 한번 느끼게 해주고 싶던 참이었지. 너무 칭찬만 받고 자라나서 나중에 네 약점을 파악하지 못하고, 실패한 일도 실수 정도로 받아들이는 진짜 바보가 될 수도 있다는 생각에서였단다.

그래서 오늘 기가 죽고 기분도 별로 안 좋은 채로 집에 돌아갔어. 의도적으로 했다지만 모진 말이라서 마음이 아픈 건 마찬가지였지. 그러면서도 정말 우리 민성이가 이 정도는 쉽게 알 줄 알았는데 손자의 능력을 잘못 알고 있었나? 별 생각이 다 들면서 약이 오르기까지 하더구나.

그런 착잡한 마음으로 잠자리에서 뒤척이는데 갑자기 어떤 생각이 떠올랐어. 만일 가르치는 방법만 좋다면 초등학교 3학년 학생에게도 미분이나 적분을 가르칠 수 있다는 저 1960년대 미국의 지식교육 이론가인 브르너 박사가 한 말! 당시 그 말은 미국 뿐 아니고 세계의 많은 교사들에게 충격과 감동을 주었었지.

'맞아. 가르친다는 것은 어떻게 가르치느냐에 따라 결과가 다르잖아! 오늘 실패는 내 책임이야!' 생각이 거기까지 미치자 '옳다! 그렇게 해보자!' 하고 방법이 생각나더라. 그래서 오늘은 아침에 일어나자말자 괘종시계를 가져다가 뚜껑을 열고 바늘을 모두 떼어냈지. 그러고 나서 네가 들어오기만을 기다렸단다.

우선 뜯어 낸 시계의 시침만 꽂아 놓고 그 시침을 '시'라고 부르도록 했지. 짧은바늘이 가리키는 숫자는 모두 시를 붙여서 말하게 했더니 바늘이 9를 가리키면 아홉 시, 7을 가리키면 일곱 시, 그것이 익숙한 다음 분침만 꽂아 놓고 마찬가지 방법으로 했단다. 한 칸을 지나오면 5분, 두 칸을 지나오면 10분, 세 칸을 지나면 15 분씩 차례로 그랬더니 얼마 안 되어서 9시 10분, 3시 30분 등 시간을 제대로 맞추더구나! 정말 놀랍고 기뻤단다.

할아버지는 네가 맞출 때마다 춤을 추다시피 했어. 너도 할아버지에게 실망을 주지 않으려는지 눈을 똑바로 뜨고 시계를 보면서 답을 했지. 하하. 어제는 할아버지가 가르치는 방법이 안 좋아서 민성이가 헷갈린 대답을 했는데, 공연히 죄 없는 민성이 탓만 했구나! 왜 진작 브르너 박사의 말을 생각하지 못했을까. 민성이 만세! 브르너 박사 만세!

손자가 숫자는 좋아하지만 한글 익히는 것은 싫어해서 어떻게 할까 생각하다가 문득 연극을 하자는 생각이 떠올랐지요.

좋은 아이디어인지는 모르겠지만, 일종의 생각의 틀이 떠오른 것입니다. 연극은 아이에게 동기를 넣어주었고, 그 후 한글 자모 익히기는 끝까지 잘 했지요. 한글은 과학적인 구조를 이루고 있기 때문에 자모를 익히면 음절, 어절, 문장을 쓰고 읽는 것은 순식간에 이루어집니다.

제가 한 방법 옳다거나 좋다기보다 어떤 일을 아이에게 시키려 할 때는 동기를 유발시키면서 아이에게 스트레스를 주지 않는 방법을 찾아내는 것이 중요하다는 말씀을 드리고 싶었습니다.

시계 보는 방법을 가르쳐도 아이가 자꾸 큰 바늘과 작은 바늘을 헷갈려 해서 시계를 뜯은 다음 각각의 바늘을 가지고 시와 분을 구별하게 했더니 금시 이해하고 시간 보는 법을 알았지요.

애를 먹던 일이라 너무도 기분 좋았답니다. 책만 가지고 가르치면 힘들고 실물로 해야 아이가 잘 이해한다는 것을 새삼 느낀 사례입니다.

특히 만 2살부터 7살까지는 놀이와 학습 그리고 훈육이 융합되어 이루어지는 시기이므로 아이의 흥미와 재미가 뒷받침 된다면 놀이를 통한 배움이 가능합니다.

학습은 아이가 늘 힘이 들고 괴롭다는 생각은 아이에게 어떤 과제를 어떻게 접근시키는가 하는 방법을 공들여 생각지 않기 때문입니다.

어려워도 아이에게 맞는 방법으로 해주면 아이는 힘들게 느끼지 않습니다. 아이가 학습을 하면서 즐거움을 느끼게 하는 것은 부모나 선생님의 관심과 아이디어가 필요할 뿐이지요.

7. 비교하지 않으면 행복하다.

남과 비교해서 자신을 파악한다는 것은 진짜 자신에 대해서는 잘 알지 못한다는 뜻이 함유되어 있습니다.

남을 통해 자신을 알게 되는 게 정말 아는 것일까요? 예를 들어 아이가 시험 점수를 100점을 맞았다고 할 경우, 부모는 100점 맞은 아이가 또 있는지 우선 궁금합니다.

전체 속에서 우리 아이의 실력이 어느 정도인지 궁금해서이지요. 전교에서 백 점 맞은 아이가 30명쯤 된다는 것을 알고 부모는 100점에 대한 기쁨이 훨씬 줄어듭니다.

문제는 100점을 맞았다고 할 때 부모가 기쁨에 찼던 모습이, 100점자의 숫자가 30명으로 늘어나니 부모의 얼굴이 좀 심드렁하게 바뀌는 걸 아이가 보고 있다는 것입니다.

아이는 자랑거리가 생기면 사기가 충천하기 마련인데 눈치 빠르게 부모 얼굴의 변화를 감지하면 아이도 심드렁해 집니다. 부모의 단순한 비교 본능이 아이의 성취동기에 찬물을 끼얹은 것이지요.

다른 아이를 염두에 두지 말고 오직 자신의 아이에게만 집중해서 아이의 노력을 칭찬하고 기뻐했다면 앞으로의 성취동기는 훨씬 더 강해질텐데요.

위의 예에서는 100점 받은 아이가 얼마쯤인가라는 가시적 정보만 중요시 되었지, 아이가 그런 부모를 보면 실망해서 앞으로의 부모의 모습이 아이에게 부정적으로 비쳐지고, 성취동기에도 지장을 줄 것이라는 더 큰 문제는 생각지 못했네요.

부모는 아이가 받은 100점의 가치를 잃어버린 것입니다. 어디 공부뿐일까요? 아이가 별것 아닌 것을 자랑하고 싶어 할 경우도 짐짓 놀라워하면서 없는 칭찬도 만들어 해야 합니다. 그 칭찬은 앞으로 진짜 칭찬받을 일을 만들어 줄 테니까요.

남과 비교하면 안 되는 이유는 또 있습니다. 만일 아이가 다른 아이보다 자신이 못하다는 평가를 받을 경우에는 열등감을 갖게 되고, 남보다 잘 했다는 비교 평가를 받을 경우에는 우월감을 갖게 되기 때문이지요.

열등감이 축적되면 자존감이나 자신감, 적극성이 떨어지고, 강한 반발심을 품을 수도 있어 비뚠 성격을 만들 위험도 있습니다. 반면 우월감은 자신을 과신하거나 우쭐한 마음, 그리고 남을 무시하는 마음을 가질 수 있지요. 따라서 아이 듣는 데는 남과 비교하는 일은 삼가야 아이의 행복한 마음을 깨뜨리지 않게 됩니다.

이런 일은 부모 간에도 마찬가지입니다. 남의 말을 들으면 자신만 모르고 있기 때문에 뒤진다는 생각이 들어 귀에 담아 둔 내용을 부랴부랴 모방하려 합니다.

몇 번 이러다 보면 자신의 아이에게 합당한 방법은 모르는 채 이리저리 갈아 탄 결과만 남게 되지요. 우왕좌왕하는 부모는 자신만의 목표와 방법이 미흡하고, 문제가 생기면 해결 방법도 막연해서 결국은 본래의 생각이나 기대와는 거리가 먼 결과를 만들기 쉽습니다.

한 가지 말씀드릴 일은 아이가 주위 사람들과 경쟁을 해 버릇하면 자칫 배타적이고 이기적인 성격이 되기 쉽습니다. 주위의 친구들을 경쟁의 대상으로 인식하여 폭 넓은 관계를 갖지 못하기도 하고요.

그런다고 능력이 더 향상되는 것도 아닙니다. 오히려 아이 나름의 길을 성실히 가는 진지한 방법이 아이의 능력을 향상시키지요. 주위의 친구들을 경쟁 대상으로 보게 하면 아이는 성인이 되어서도 그런 편향 때문에 외톨이가 될 가능성이 높습니다.

한 가지 더 말씀드리자면 아이가 주위의 친구들을 이기면 꿈이 이루어질까 하는 것입니다. 주위의 사람을 이기고 좋은 대학, 좋은 직장을 가지면 좀 더 나은 보수를 받아 다른 사람보다 윤택할는지는 모릅니다.

그러나 경쟁이란 삶이 계속 되는 한 이어지는데 남을 이겨야 성공한다는 강박과념을 버리지 않으면 아이는 언제나 불안하고 초조한 심리에서 벗어날 수 없습니다. 그것은 행복감과는 정 반대입니다. 남과 경쟁을 하는 것도 결국은 자신의 능력을 높이려는 목적이라면, 그 불행을 치르지 않으면서 행복하게 경쟁하는 방법은 자신과 경쟁을 하는 것입니다.

이것을 알면서도 실천을 잘 하지 못하는 이유는 어릴 때부터 습관화되지 않아서입니다. 선진국의 교육은 유아기부터 자신의 일에 몰두하면서 그 진행과정과 결과에 흥미를 갖게 하는 자신과의 경쟁을 존중하는 철학에 터하고 있기 때문에 교육 선진국이라고 합니다.

아이나 부모는 남의 성적에 신경을 쓰는 게 아니라 자신이나 자신의 아이가 무엇을 하고 싶고, 그를 위해서 어떻게 해야 하는지에 관심을 두는 일입니다.

아무튼 남을 의식하는 경쟁이란 어른이고 아이고 피를 말리는 일이기 때문에 가능하면 어릴 때부터 경쟁에 휘말리게 해서는 안 된다는 말씀을 다시 드려 봅니다. 경쟁이 피할 수 없는 운명이라면 아이의 발달과업이 어느 정도 성공적이라고 판단되는, 아이에 따라서 초등 이후 중학교 이후로 맞추어 주는 지혜도 필요합니다. 우리나라의 제도는 고등학교부터 본격 경쟁구조로 들어가지만, 그 나이 정도면 사리판단이 가능하기 때문에 경쟁을 한다 해도 젊은이다운 기본만 갖추고 있으면 자기 갈 길을 가면서도 경쟁으로 크게 상처를 받지는 않을 것입니다.

열일곱 번째 편지
실력보다 중요한 인성(人性) 길러주기

> 아이는 사랑을 받고 주고 하면서 자라야 건강한 심리를
> 갖고 행복도 느끼는데, 눈앞에 부모가 있으면서도 사랑
> 을 주고받지 못하는 아이는 사랑의 외톨이가 될 수밖에
> 없습니다.

요즘 인성교육이 화두로 떠오르고 있습니다. 아무리 실력이 있고 능력을 갖춰도 인성이 바르지 못하면 결국 사회인으로서 낙제점을 받게 된다는 것을 잘 알기 때문입니다.

따라서 학교에서도 인성교육이 강조되고 있고, 면접이나 대인관계에서도 인성이 큰 위치를 차지하고 있습니다. 기업 등을 통한 사회 편입과정에서도 인성이 중요시되기도 합니다.

인성이란 사람의 마음 씀씀이나 태도, 행동의 원인이 되는 품성, 성격, 자질 등을 뜻하는 말입니다. 인성의 원형은 사람이 갖고 있는 자연

스러운 심성이며, 이는 자연에서 받은 선천적 성향입니다.

따라서 인성 교육의 본질은 자연을 닮고자 하는 인간교육이며, 자신의 삶을 삶답게 하고, 사회의 일원으로서 공동체에 도움 되는 사람으로 성장하는 것이 목표입니다.

아이의 인성은 대부분 일상의 부모의 가정교육으로 이루어지고, 마음도 부모를 본받지만 부족한 부분이나 좀 더 집중할 필요가 있을 때는 책이나 영상, 체험 등을 통해서 보완하는 방법을 선택합니다.

생각이 바뀌면 행동이 바뀐다는 말이 있듯, 특히 동화책은 등장인물들의 인성이 비교 되어 나타나는 경우가 많기 때문에 동화책을 읽고 난후에 인물이 갖고 있는 부정적이거나 긍정적인 면을 아이와 대화를 통해 구분하면 아이 생각과 행동에 좋은 영향을 끼칩니다.

인성은 자연 섭리를 바탕으로 한다는 말씀을 드렸습니다만, 자연의 성정은 뾰족하게 모가 나거나 이기적이 아니며 어디까지나 원융(圓融)의 성정입니다. 편협하거나 억압하지도 않습니다.

선과 악을 감싸면서 하나가 되게 하는 것이 자연이기 때문에 인성도 양면을 갖게 됩니다. 그러니 세상에는 완벽하게 착한 사람도, 악한 사람도 없다고 보는 게 옳지요. 갈고 닦음에 따라 더 긍정적이거나 더 부정적 인성이 만들어질 뿐입니다.

아이가 크면서 인성을 갖추어야 할 이유는 우선 정신적으로 건강하게 되기 때문입니다. 정신적으로 건강한 아이는 가장 아이다운 아이이고, 장차 성공하는 삶의 기반이 됩니다.

특히 3~6세 경에는 전두엽이 급속히 발달하는 시기라서 이 때부터 부모는 아이의 인성 형성에 관심을 둡니다. 현재 유아교육 기관에서 강조하고 있는 인성 교육의 유형으로서는 정직, 약속, 용서, 책임, 배려, 소유 등입니다. 이와 관련해 계발시켜야 할 덕목은 효성, 예의, 도전, 용기, 소통, 감사, 실패에 대한 긍정적 인식 등입니다. 이런 덕목은 자아와 인격 형성의 기반이기도 합니다.

이러한 여러 가지 인성을 항목별로 갖추게 하는 것은 이론상으로는 가능할지 모르나 현실적으로는 힘들기 때문에 부모는 인성을 형성하는 뿌리를 잡아 이끌어주는 것이 필요합니다.

그렇다면 인성의 뿌리를 무엇으로 잡을까요? 여러 가지 이론이 있을 수 있으나 우선은 아이가 선(善)한 마음씨를 갖추는 일이고, 그 다음이 사랑, 그리고 효(孝)일 것입니다.

선은 모든 인성의 근본이기 때문에 선한 심성은 정직, 이해심, 용서, 배려, 책임, 소통, 약속 등 여러 요소를 함께 거느릴 수 있고, 사랑은 인간 삶의 바탕을 이루는 이해와 용서 그리고 서로 하나 됨으로서 삶을 완성시키자는 힘입니다.

또한 사랑은 도전과 책임, 실패를 딛고 일어서는 강인한 용기를 주는데, 이는 또한 타인과 자신을 사랑할 때에만 가능한 정신력입니다.

효는 부모나 조상과의 관계에 대한 성찰과 감사를 포함하고 있으므로 그 파생적 의미는 가족애, 경로, 동족애, 인류애, 예의, 배려, 우애, 감사, 용서 등 사회의 구성원으로서 갖추어야 할 대부분의 자질을 포함하고 있습니다.

따라서 부모는 선과 사랑 그리고 효에 대한 마음을 기르도록 늘 관심을 갖습니다. 아이의 잘못도 훈육 위주보다는 아이를 다독이면서 아이 눈높이에서 이해하고 사랑으로 따르게 해야 합니다.

그것이 마구잡이 훈육보다 더 큰 효과가 있기 때문입니다. 그런데 아이에 대한 부모의 사랑은 어떤 사랑일까요? 부모의 사랑은 자연의 섭리에서 터하여 조건 없이 주는 사랑이기 때문에 흔들림이 없고 순수합니다.

그러나 아이의 사랑은 자연 발생적이 아니고 부모와의 관계에서 생기는 '만들어 지는' 사랑입니다.

부모와의 관계가 좋으면 아이는 세상 누구보다 부모에게 신뢰와 사랑을 주지만, 부모와의 관계가 좋지 않으면 아이는 사랑을 주지 못하고 외톨이가 됩니다. 자식이 잘하건 잘 못하건 부모는 본능에 입각한 사랑을 주지만 아이는 그렇지 않다는 말씀이지요.

아이는 사랑을 받고 주고 하면서 자라야 건강한 심리를 갖고 행복도 느끼는데, 눈앞에 부모가 있으면서도 사랑을 주고받지 못하는 아이는 사랑의 외톨이가 될 수밖에 없습니다.

외톨이로 자란 아이는 결국 화를 참지 못하고 공격적이 되거나 열등감으로 인한 세상과 사람에 대한 반감으로 인해서 반사회적인 행동을 하기 쉽습니다.

생각해 보면 부모가 자식에 대한 애착과 사랑이 운명 지워진 것은 아이에게 그런 불행이 생기지 않게 하기 위함입니다. 따라서 중요한 것은 아이에게 주는 사랑이 순수해야 한다는 것입니다.

아이가 잘하면 기뻐하고 잘 못하면 불만을 보인다든가, 남을 이기면 즐거워하고, 졌다고 하면 불쾌하게 생각하면 부모의 사랑을 순수하게 보지 않고 때에 따라서 변질 되는 것으로 받아들여 막상 감동스러운 사랑이 닥쳐와도 아이는 머뭇거리거나 왜곡하여 이해할 수 있습니다.

사랑도 학습과 경험으로 더욱 충실해지는 감성이기 때문에 아이에게 주는 부모의 사랑은 일관성과 진실성이 중요하지요. 따라서 부모는 아이가 세상에 둘도 없는 우리 부모라는 인식을 갖게끔 이끌어 가는데 그 원리는 부모의 진정하고 일관성 있는 순수한 사랑입니다.

덧붙여 말씀드리고 싶은 것은 현대 사회, 특히 한국 사회는 구조상 경쟁과 눈치로 인하여 서로를 피곤하게 만드는 면이 강하기 때문에 아이들은 자신도 모르는 사이에 이기적으로 변하기 쉽습니다.

그렇게 자란 아이가 어른이 되면 역시 이기적인 어른이 되어 자기 가족만, 자기 지역만, 자기 조직만이라는 집단 이기주의에 빠지기 쉽습니다.

이기주의는 불만과 연접되어 그 이유를 자신보다는 남의 탓으로 돌리면서 자기 발뺌과 합리화에 골몰하게 되지요. 이는 개인은 물론 전체 사회를 짜증나게 하고 불행하게 합니다.

이기주의는 행복의 반대편에 있기 때문에 은연중 이기주의에 물들기 쉬운 아이에 대한 부모의 관심과 예방적 인성교육은 반드시 필요합니다.

저는 마지막 편지에서 인성교육에 대한 소박한 주문을 드렸습니다. 뭐니 뭐니 해도 인성만 제대로 갖추면, 아이는 더불어 똘똘한 사람이 되려고 노력하고, 정직하고 성실하며, 남들로부터 인정받고, 남을 배려하고, 부모와 형제 그리고 자신을 존중하면서 남과 화기애애하게 행복한 삶을 누리는 시대를 초월하는 사람이 될 수 있습니다.

말하자면 좋은 덕목은 거의 다 갖춘 사람이니까요. 만일 마음대로 미래의 아이를 선택할 수만 있다면 이런 아이가 아닐까 합니다.

끝으로 부모께 드리고 싶은 말씀은, 인간은 태어나서부터 갈고 닦지 않으면 성장하지도 갖추어지지도 않는다는 것입니다. 귀찮다 하더라도, 아이의 미흡한 부분은 자연스럽게 반복시켜서 내 아이답게 훌륭한 인성이 몸에 배도록 합니다.

맺음말

아이의 작은 몸짓에도 반응하는 부모가 되어야

저는 이 책에서 17통의 편지를 부모님들께 썼습니다.

어떻게 보면 청원하는 마음으로 간곡하게 말씀 드리지 않았나 싶습니다. 힘든 육아를 하는 부모들을 어떻게 하면 좀 더 육아 때문에 덜 고민하고, 자신 감을 갖게 해 드릴까 하는 이 큰 줄기 속에서 이 책을 썼습니다.

아이가 건강한 정신과 심리를 갖고 크기 위해서는 자유와 자율을 주시라고 강조했습니다. 영리하고 똑똑한 아이로 기르려면 놀이를 포함한 아이의 경험과 부모와의 대화를 통해 이루시라는 말씀도 드렸습니다.

아이의 두뇌가 성장하는 길은 경험과 대화라는 두 길을 통해 이루어지기 때문이라는 점을 강조했습니다. 그렇다면 그 경험은 어떤 것들이며, 그 대화는 어떻게 하는 것일까 하는 말씀도 소상히 드렸습니다.

또한, 부모가 갖추어야 할 세 개의 눈을 바탕으로 기본 마음 갖추기, 주인 공 되게 하기, 메타인지를 높여서 똑똑하고 영리한 아이가 되게 하기, 행복하게 크고, 좋은 인성을 갖추는 아이가 되는 길도 안내하고 설명해 드렸습니다.

아이는 여기서 자라고 여기서 살아야 할 존재이기 때문에 주어진 현실을 무시할 수 없습니다. 이 책은 이런 현실을 무시하자는 말씀이 아니라, 오히려 아이가 행복하게 자라야 그 현실을 받아들일 수 있다는 적극적인 의지를 담아 모았습니다.

아이들의 생활은 초등학교 입학 전과 입학 이후로 나누게 됩니다. 입학 전의 생활은 아이가 세상에 태어나서 지상의 모든 것에 황홀함과 놀라움 그리고 흥미와 즐거움을 맛보는 황금기로서, 장차 자신은 어떤 사람으로 어떻게 이 세상을 살아가겠다는 선언을 하는 시기입니다.

그리고 입학 후의 생활은 입학 전에 얻은 놀라움과 즐거움의 실체를 조금씩 알아가면서 그 알아가는 자체에 관심을 갖고 즐기는 시기입니다. 이렇게 보면 학령 전기나 후기 모두가 아이에게는 행복한 시간임에는 틀림없습니다.

하지만 현실은 아이에게 돌아가야 할 삶과는 무관하게 이루어지지요. 더구나 능력도 표현력도 부족해서 누구도 자기의 마음을 알아주지 않고, 어른들의 입에 맞게만 기르려고만 합니다.

　그런데 나이를 먹어 가면서 할아버지가 되니 아이들을 보면 귀엽고 사랑스럽기만 한 게 아니라 이유 없이 마음이 찌릿해 오곤 합니다. 마음껏 뛰놀지 못하고 찌들면 어쩌나 해서, 대들보 감이 될 아이를 서까래 감으로 만들지는 않나 해서지요.

　모쪼록 부모들이 아이 교육을 열린 마음으로 받아들이면서 가능한 아이에게 행복한 시간을 만들어 주시길 특별하게 요청하고 싶습니다. 아이는 자신이 하고 싶은 것을 할 때는 힘든 줄도, 시간 가는 것도 모릅니다.

　그러나 아무리 쉬운 일이라도 억지로 시키면 힘들어 하고 불행하게 느끼지요. 이 원리를 잘만 맞추어주면 아이를 남부럽지 않게 성공시키는 일은 그리 어렵지만은 않다고 저는 믿습니다. 제 책을 읽어 주셔서 감사드리며 끝으로 '진정 아이를 사랑하는 부모는 아이의 작은 고통에도 민감하다.'란 말을 꼭 드리며 펜을 놓으려 합니다.

2018년 11월 20일 저자 황의영

"아이가 초등학교에 입학하기 전 까지는 세상의 황홀함과 놀라움,
흥미와 즐거움을 맛보는 황금기입니다.
이 때 어떤 사람으로 어떻게 이 세상을 살아갈 것인지 배우게 됩니다.

입학 후는 삶의 놀라움과 즐거움의 실체를 알아가면서
그 자체에 관심을 갖고 즐기는, 진정 행복한 시기가 되어야 합니다.
이 귀한 시기를 어른들의 입맛에 맞게만
양육하려 해서는 결코 안됩니다."

독자
메모

독자
메모